근대 일본 독도 관계 자료집

이 책은 2019년 대한민국 교육부와 한국연구재단의 지원을 받아 수행된 연구임.(NRF-2019S1A5B8A02103036)

영남대학교 독도연구소 자료총서 11
근대 일본 독도 관계 자료집

초판 1쇄 발행 2021년 7월 20일

편저자 ㅣ 박병섭·박지영
발행인 ㅣ 윤관백
발행처 ㅣ 도서출판 선인

등록 ㅣ 제5-77호(1998.11.4)
주소 ㅣ 서울시 마포구 마포대로 4다길 4 곳마루 B/D 1층
전화 ㅣ 02)718-6252 / 6257   팩스 ㅣ 02)718-6253
E-mail ㅣ sunin72@chol.com
Homepage ㅣ www.suninbook.com

정가 10,000원
ISBN 979-11-6068-495-7 94910
        978-89-5933-697-5 (세트)

· 잘못된 책은 바꿔 드립니다.

영남대학교 독도연구
자료총서 11

근대 일본 독도 관계 자료집

박병섭·박지영 편저

머리말

21세기에 들어서 일본은 사회의 우경화로 인해 영토문제에 대한 공격적인 정책을 내세워 동아시아 각국과 대립하면서 평화와 공존을 위한 각국의 노력을 무산시키려고 하고 있다. 이러한 일본의 정책에는 우리나라의 독도에 대한 그들의 주장을 전방위적으로 홍보하면서 마치 독도가 일본의 영토인 것처럼 국내외에 알리고 있다.

특히 2005년에 시마네현이 '죽도의 날'을 제정한 후부터 불거지기 시작한 독도문제는 이제는 일본 정부까지 나서서 일본의 초등교육과 중등교육에서 사용되는 교과서에까지 독도가 일본 고유영토이며 한국이 불법으로 점거하고 있다는 주장을 담고 있어, 역사에 대해 무지한 일본 국민에게 잘못된 영토 인식을 심어주는 첨병이 되고 있다.

영남대 독도연구소는 이러한 현실을 타개하기 위해 우리 고유영토인 독도에 관한 정확하고 객관적인 증거를 제시하기 위해 독도 관련 자료를 발굴하여 소개하는 "자료총서"를 발간하고 있다. 이번에 발간하는 "근대 일본 독도 관계 자료집"(영남대학교 독도연구소 자료총서 11)은 일본이 주장하고 있는 '고유영토론'이 지닌 문제점을 제기하기 위한 것으로 일본 주장의 허구성을 알 수 있는 중요한 자료이다.

독도에 대한 일본의 '고유영토론'은 이미 일본 국내에서조차 부정되고 있음에도 불구하고 일본은 여전히 그 주장을 내세우고 있으며, 심지어 학교 교육에서 사용되고 있는 교과서에도 그 주장을 게재하고 있다. 이러한 일본 정부의 행동은 오히려 그들의 주장이 허구라는 것을 더욱 고착화하는 길이 될 것이다.

일본이 주장하는 '고유영토론'은 에도시대에 조선과의 사이에 있었던 울릉도쟁계 당시에 부성낭한 것이며, 그리고 그 후 메이지 유신 이후의 태정관에서 내놓은 1877년 태정관지령에서도 명확하게 일본의 영토가 아니라고 부정하고 있다. 그럼에도 불구하고 일본은 독도가 일본의 고유영토라며 자가당착의 주장을 펼치고 있다. 이러한 잘못된 주장을 바탕으로 삼은 영토교육을 받은 일본의 청소년들이 그릇된 역사관이나 영토관을 지니게 되면 앞으로 한국 청소년들과 함께 동아시아의 미래를 짊어지고 나갈 세대에게 부정적인 영향을 끼치게 될 것이 분명하다.

따라서 이 책에서는 왜곡된 사실들을 바로잡고 바른 역사관과 영토 인식을 알리기 위해 일본에서 근대 초기에 작성된 문서 중에서 독도와 울릉도에 관한 내용을 담고 있는 문서의 번각문과 국역문을 제공하여 연구자들은 물론 일반인도 관련 사실에 대한 지식을 함양하여, 독도 영유권 관련 일본 주장이 얼마나 허구인지를 잘 알 수 있도록 했다.

이 책은 일본의 대표적인 우익지사인 요시다 쇼인(吉田松陰)이 1858년에 울릉도 개척에 관해 기도 요시다카(木戸孝允, 본문에서는 桂小五郎라는 명칭으로 등장)에게 보낸 서신을 비롯하여, 『대주조선교제취조서』, 『일본지지제요』「한국 연해 사정」, 『지학잡지』, 「울릉도 망루 건설 계획」, 『군함 니타카 행동

일지』, 「시마네현의 죽도(독도)·울릉도 조사 계획」, 「죽도시찰
보고」 등과 같은 독도·울릉도와 관련해서 중요한 일본 측 자료
19개를 엮은 것이다.

이 자료들은 일본이 근대화를 시작한 시점인 메이지 시대 초
기에 울릉도와 독도에 대해 어떻게 인식하고 있었으며, 특히
1905년에 일본이 독도를 시마네현에 불법으로 편입했을 당시
의 전후 사정을 자세히 알 수 있는 자료와 편입 이후에 일본 사
회에서 독도에 대한 인식이 어떠했는지를 잘 알 수 있는 것들
이다.

전반적으로 이 자료들에서는 울릉도는 한국의 영토이며, 독
도의 경우는 새로이 일본의 영토로 편입된 섬이라는 인식을 보
여주고 있다. 이러한 인식은 현재 일본 측에서 주장하고 있는
'고유영토론'이 허구라는 사실을 입증해주는 것이다. 따라서 이
책을 통해 독도문제 연구자와 일반인들이 우리나라의 독도 영
유권에 대한 명확한 지식을 습득하여, 일본의 주장에 대응할
수 있는 근거로 활용할 수 있기를 바란다.

이 자료집을 엮는 과정에서 수고를 아끼지 않은 도서출판 선
인의 편집자에게 감사를 드리며, 앞으로 많은 분이 이 자료집
을 활용하시고, 참조하셔서 우리나라의 독도 영유권 확립에 이
바지해 주시길 바란다.

2021년 7월
편저자 일동

〈일러두기〉

◆ 일본에서는 에도시대까지 울릉도를 '다케시마(竹島)' 또는 '이소다케시마(磯竹島)', 독도를 '마쓰시마(松島)'라고 불렀다. 그리고 이러한 울릉도와 독도에 대한 명칭은 상당한 혼란을 겪으면서 정착되었는데, 그 시기가 바로 메이지 시대 초기였다. 따라서 이 책에서는 울릉도와 독도에 관해서는 일본 발음을 따르지 않고, 일본 명칭의 한글 음독인 '죽도', '송도'로 표기하고 혼란을 방지하기 위해 그것이 울릉도를 가리키는 것인지, 독도를 가리키는 것인지를 괄호 안에 표해두었다.

◆ 그 외에 고유명사, 지명 및 관직명, 법률명 등에 관해서는 가능한 현지 발음에 준하여 표기하였지만, 문헌명 및 지도 명은 고유명의 일본 음독과 한글 음독을 섞어서 표기하였다.

◆ 원문에 제시된 한문은 가능한 별도로 표기하지 않지만, 필요한 경우에 따라 ( ) 안에 기재해두고, 국역문에서 설명이 필요하여 역자가 추가한 부분은 [ ]로 표기해둔다.

목 차

근대 일본 독도 관계 자료집

1. 1858년 7월 11일 「요시다 쇼인의 서신(吉田松陰の 書状)」

出전: 야마구치현 교육회 『吉田松陰全集』第8卷, 大和書房, 1974.

【翻刻文】

　桂小五郎宛吉田松陰の書状、七月十一日、松陰在萩松本　桂在江戸

　御細書披閲、遥想を消し候。竹島論、元祿度朝鮮御引渡の事に付き六ヶ敷くもあらんと此の地にても議し申し候。併し當時大變革の際に御座候得へば、朝鮮へ懸け合ひ、今に空島に相成り居り候事無益に付き、此の方より開くなりと申し遺はし候はば異論は之れある間布く、若し又洋夷ども已に手を下し居り候事ならば、尚ほ又閣き難く、彼れが足溜りとならば吾が長州に於て非常の難あり。併し已に彼れが有と相成り候はば致方なし。開墾を名とし渡海致し候はば、是れ則ち航海雄略の初めにも相成り申すべく候。蝦夷の事、精々論じては見申すべく候へども、政府の事體中々夫れ程の雄志之れなく、是れのみ嘆息の至りに御座候。・・・[途中省略]

　七月十一日　　　　　　松陰寅拝

　桂小五郎兄　足下

[別紙]

竹島・大坂島・松島合せて世に是を竹島と云ひ、廿五里に流れ居り候。竹島計り十八里之れあり、三島とも人家之れなく候。大坂島に大神宮の小祠之れあり、出雲地より海路百十里計り。産物蛇魚類良材多く之れあり、開墾致し候上は良田美地も出來申すべし。此の島蝦夷の例を以て開墾仰せ付けられば、下より願ひ出で航海仕り候もの之れあるべく候。

【국역문】

가츠라 고고로(桂小五郎)에게 보낸 요시다 쇼인(吉田松陰)의 서신, 1858년 7월 11일, 쇼인(松陰)은 하기(萩)의 마츠모토(松本), 가츠라(桂)는 에도[東京]에 있었음

자세한 편지를 읽어보고 멀리 떨어져 있다는 생각이 사라졌습니다. 죽도(울릉도)의 건은 겐로쿠[1688-1704]의 시기에 조선에 인도한 막부의 결정이 있으므로, 어려운 문제일 것이라고 여기에서도 논의하고 있었습니다. 그러나 지금은 대변혁의 시기이기도 하므로 조선과 교섭하여, 지금 [죽도를] 빈 섬으로 놔두는 것은 아무런 이익이 없는 일이므로, 우리 쪽[일본]에서 개간하겠다고 제안한다면 여기에 이론(異論)이 없을 것입니다. 또는 만약 이미 양이(洋夷)들이 손을 대고 있다고 한다면 더욱더 방치하기 어려운 것이며, 그들의 기지라도 된다면 우리 죠슈(長州)는 매우 위험합니다. 하지만 이미 그들의 소유가 되어

버렸다면 어쩔 수 없습니다.

개간을 명목으로 삼아 건너간다면 이는 즉 최초의 항해웅략(航海雄略)이 될 것입니다. 에조지[北海道]에 관하여 여러 가지 논의는 해보겠지만, 정부 자체에 그만큼의 웅지(雄志)가 그다지 없다고 보여, 이 부분에서는 한숨만 나올 뿐입니다.

쇼인 도라(松陰寅) 배

7월 11일

가츠라 고고로우 형 족하(足下)

[별지]

죽도(竹島)·오사카지마(大坂島)·송도(松島)[1]를 합하여 세상에서는 이를 죽도라고 부르며, 25리[100km]에 퍼져 있습니다. 죽도만으로도 18리는 됩니다. 세 섬 모두 사람이 사는 가옥은 없습니다. 오사카지마에 대신궁의 작은 사당이 있어, 이즈모(出雲)에서는 바닷길로 120리 정도입니다. 산물은 뱀장어류나 좋은 목재가 많아, 개간하면 좋은 밭과 훌륭한 논도 만들어질 것입니다. 홋카이도처럼 [막부가] 이 섬에 개간을 지시한다면, 아래에서 신청하여 항해하는 일이 있을 것입니다.

---

1) 여기서 죽도(竹島)는 울릉도, 오사카지마(大坂島)는 이카지마(イカ島)라고도 불렸던 현재의 죽도(댓섬), 송도(松島)는 독도를 가리킨다. 이세 섬을 합하여 모두 죽도라고 불렀다는 것은 주목할 만하다.

【해제】

　요시다 쇼인은, 에도시대 말기에 죠슈번[長州藩, 현재의 야마구치현]으로 쇼카손숙(松下村塾)을 열고, 이토 히로부미(伊藤博文) 등, 에도 막부 타도를 목표로 삼은 많은 지사(志士)를 양성한 과격한 혁명가이다. 요시다는 이미 2월 19일에 가쓰라 고고로에게 보낸 서신을 통해 죠슈번이 유사시에 조선과 만주를 목표로 삼을 수밖에 없으며, 그때 죽도(울릉도)는 첫 번째 교두보라고 설파했다. 위의 서신은 죽도 개척의 의의를 좀 더 자세하게 기술한 것이다.

　이 서신에 따르면, 요시다는 죽도를 겐로쿠 시대에 막부가 조선에 건네준 땅이라고 이해하고 있는데, 이러한 인식은 1830년대의 덴포죽도일건(天保竹島一件) 당시에 막부가 죽도 도해금지령 문서에 기재한 내용에 기인한 것이다. 별지에 쓰여져 있는 송도는 독도를 가리킨다. 그리고 오사카지마는 오사카포[大坂浦, 현재의 울릉도 저동]에 있는 「마노시마」(현재의 죽도)가 와전된 것으로 보인다.

　1859년, 요시다는 막부의 노중을 암살할 계획이었다는 자백을 하여 처형되었지만, 이 서신을 받은 가쓰라는 요시다의 구상에 따라 1860년에 무라타 조로쿠[村田蔵六, 훗날의 大村益次郎]와 연명으로 「울릉도개척에 관한 건의서」를 에도 막부에 제출했다. 그러나, 건의서는 채용되지 않았다.

2. 「죽도일건(竹島一件)」, 『대주조선교제취조서(對州朝鮮交際取調書)』, 1870년. (일본외교사료관 소장)

【翻刻文】

竹島一件

元禄六癸酉年 幕府の命 朝鮮漁民 比年竹島に来て漁探す 因幡國の人よく諭して還さしむ 然るに漁民四拾人又來る 爰に拵て其漁民弐人を留て質として幕府に申出 よつて彼二人を長崎に送る 使者を遣し長崎にて請取 朝鮮に送り 再ひ竹島に不可至事を可告との事ゆへ 則使を長崎に遣し漁民を受取 同年秋使者を遣し書を贈る 其略

貴域瀕海漁民比年行舟本國竹島竊為漁探極是不可到之地也以故土官詳論國禁固告不可再而乃使渠輩盡退還矣然今春亦復不顧國禁漁民四拾餘口往入竹島雜然漁探由是土官拘留其漁民二人而為質於州司以為一時之證故我因幡州牧速以前後事狀馳啟 東都令彼漁民附與敝邑以還本土自今而後決無容漁舩於彼島彌可制禁云

返書曰

敝邦海禁至嚴濱海漁民使不得出於外洋雖敝境之蔚陵島亦以遼遠之故切不許任意徃来況其外乎哉今此漁民敢入貴界竹島致煩領送遠勤書諭鄰好之誼宗所欣感海民捕魚以為生理或不無遇風漂轉之患而至越境深入雜然漁探法當痛懲今将犯人等依律科罪此後沿海等處嚴立科條各別申飭云

　元禄七甲戌年正月　返翰の原稿相達し　本州はしめおもへらく
竹島は朝鮮の蔚陵島なり　答る所如何といふことを不知と　此時
原稿を見てまたおもへらく竹島は則蔚陵島なり今一島二名を立
るを以　幕府に啓すへからす　返翰蔚陵島の字を除て可也と　又是
を告　任官答て云　請ふ熟々是を念へ　今貴州の意を以て接慰官に
告は　則啓聞すべし事不諧して　両国の隙起らむ　貴州のいわゆ
る竹島ハ朝鮮の蔚陵島なり　朝鮮是を知さらんや　朝鮮彼島を空
ふして民居を置さる事久し　窃に聞　日本の人徃來漁探すと　然
りといへとも空島無人の地なる故　置て問す　今貴州の書を得て
我朝廷以爲く　蔚陵島は輿圖の載する處　祖宗之地　尺寸といへと
も棄へからすと朝議紛々たり　一人の日　彼島久く棄て人なし　且
日本の人彼島に占據者久し　若我地を以て答ハ　両國の争ひ是よ
り興らんと云　仍て蔚陵島をとつて其名を存して竹島を以て貴
國の地とす　我國敢て不諭して又彼名を我に存すといへとも何
の不可成事かあらむ　若決せんとせは我國孱弱なりといへとも
争てやまし　兩國の隙是より興らむといふ　是に扨て使者一決し
て返書を受て歸る　本州おもへらく　返書の内に蔚陵の文字あり
受くへからす　爰に扨て元禄七甲戌年二月又使者を遣して改撰
を求む　本州の書契に日

　我書不言蔚陵島之事　今回翰有蔚陵島の名　是難曉也　只冀除却
蔚陵之名惟幸云

　此時朝鮮前言をかへて云く

敝邦江原道蔚陵[珍]縣有属島名曰蔚陵島歴代相傳事跡照然今
者我國漁民往于其島而不意貴國之人自為犯越與之相值乃拘執二
民轉到江戸幸蒙大君明察事情優加資遣可見交鄰之情出於尋常感
激何言雖然我民漁採之地本是蔚陵島而以其産竹或称竹島此乃一
島而二名也一島二名之状非徒我國之所記貴國人亦皆知之而今此
來書中乃以竹島為貴國之地亦欲令我國禁止漁舩更徃而不論貴國
人之侵渉我境拘執我民之失不有欠於誠信之道乎云

同八乙亥年裁判并使者を東萊に遣し　前条の疑問を設け啓聞
を求む　期を尅て答書を待　到らす　一行の使者相議シて碇を下し
風を待つ　答書來る　爰におゐて再答を東萊に迯り　帆を開て歸る
此秋義真幕府に觀し竹島の事を以て執政に啓す　執政の云　竹島
海中に在て我國を去ることは遠く　朝鮮を去ること近し　今より
堅く我國漁舩の往來を禁セむ　此意を以て朝鮮に告へしとなり
元禄九丙子年春　義真洲に還り訳官を招く　其年の冬訳官渡海
執政の主意を以て訳使に面囑す　訳官帰國の後禮曹より館守に
傳て書を贈る

頃因譯使回自貴州細傳　左右面託之言備悉委折矣蔚陵島之為
我地輿圖所載文跡昭然無論彼遠此近疆界自別貴國下令永不許人
徃漁採辭意丁寧可保久遠無他良幸々々我國亦當分付官吏以時撿
察稗絶両地人徃殽雜之弊矣云

是に扵て禮曹の書を幕府に啓し　元禄十二卯年三月義真書を
以て禮曹に答ふ

前年象官超溟之日面陳竹島之一件緣是左右克諒情由示以両國
永通交誼益懋誠信矣至幸々々示意即已啟達了云

右書を館守をして東萊に傳へ致さしむ

【국역문】

겐로쿠(元禄)6, 계유(癸酉, 1693)년, [쓰시마 번에 다음과 같은] 막부의 명령이 있었다. "조선 어민이 근래 죽도에 와서 어로와 채취를 했다. 이나바 지방[돗토리 번] 사람이 잘 훈계해서 돌아가게 하였다. 그런데도 어민 40명이 다시 왔다. 따라서 [돗토리 번]은 그 어민 중에 2명을 인질로 삼아 붙잡아와서 막부에 보고하였다. 따라서 그 2명을 나가사키로 보냈다. [쓰시마 번]은 사자를 파견하여 나가사키에서 [인질]을 인수하여 조선으로 보내고, 다시는 죽도에 오지 않도록 말해야 한다"는 것이었다. 그 때문에 [쓰시마 번은] 사자를 나가사키에 파견하여 어민을 인수하여, 같은 해 가을에 사자를 [조선으로] 파견하고 서신을 보냈다. 그 개략은 이러하다.

귀국의 바닷가 어민이, 근래 우리나라의 죽도에 배로 와서, 몰래 어로와 채집을 하였다. 여기는 [귀국민]이 결코 건너와서는 안 되는 토지이다. 그러므로 토관[土官, 지방관]이 상세하게 국금(國禁)을 가르치고 다시는 섬으로 오지 못하도록 단단히 일러, 그 무리를 모조리 물리쳐 귀환시켰다. 그런데도 이번 봄에 다시 국금을 어기고 어민 40여 명이 죽도로 와서 멋대로 어로와 채집을 시작하였다. 그 때문에 지방관이 그 어민 중에 2명을 인질로 구류하여 주사[州司, 번의 관리]에게 건네주어 일시적 증거로 삼았다. 그러므로 우리나라 이나바(因幡)의 주목[州牧, 번주]이, 이 일의 전후 사정을 신속히 동도[東都, 에도막부]에 보고하였다. 막부는 그 어민을 우리[쓰시마]에게 전달하여, [귀국] 본토로 귀환시키게 되었다. 앞으로, 절대 그 섬에 어선이 들어오지 않도록 이제는 금제해야 할 것이다. 이하 생략.

답서

우리나라의 해금(海禁)은 매우 엄중하며, 바닷가의 어민이 먼바다에 나가는 것을 허가하지 않고 있다. 우리 경계의 울릉도라고 하더라도 상당히 멀리 있다는 것을 이유로, 마음대로 왕래하는 것을 일절 허락하지 않고 있다. 게다가 그 밖의 섬은 말할 필요도 없다. 이번에 어민이 감히 귀국 경계의 죽도에 들어가서 먼 길을 영도송환(領導送還)하는 고생을 하게 하고, 서신으로 알려주는 사태에 이르렀다. 이웃 국가에 대한 우호의 친분을 실로 기쁘게 느끼는 바이다. 바다의 어민은 고기잡이로 생업을 이어가는 사람들이다. 때로는 강풍을 만나 표류전전(漂流轉転)하면서 앓는 일도 없지 않다. 그리고 경계를 넘어 깊이 들어가, 제멋대로 어로와 채집을 하기에 이르렀다. 법에 따라 강력하게 징벌해야만 하는 것이다. 이번에 범인 등을 법률에 따라 죄를 부과하기로 했다. 앞으로 연해 등의 각지에 엄격하게 법령을 세우고, 각별히 신칙(申飭)하는 것으로 하겠다. 이하 생략.

겐로쿠 7, 갑술(甲戌)년 정월, [조선의] 답신 원고가 왔으며, 쓰시마 번은 처음에 죽도는 조선의 울릉도이며, 어떻게 대답해야 할지를 모르겠다고 생각했다. 이번에 원고를 보고 다시 죽도는 즉 울릉도로, 지금 한 섬에 두 개의 이름을 붙인 것을 막부에 올려서는 안 될 것이며, 답신에서 울릉도라는 글자를 삭제해야만 한다고 생각했다.

또, 이를 [조선의 역관에게] 알렸다. 역관이 대답하기를, "이것을 잘 숙고해 주십시오. 지금 귀 주의 뜻을 접위관에게 전달하면, 그 내용이 적용되지 않고, 양국 사이에 틈이 발생할 것입니다. 귀 주가 말하는 죽도는 조선의 울릉도인데, 이것을 조선이 모를 것이라고 말하시는 것입니까? 조선은 그 섬을 비워 백성이 살지 않은 지 꽤 오래되었으며, 몰래 듣기로는, 일본인이 [그 섬에] 왕래하며 어로와 채취를 한다고 합니다. 그렇다 하더라도 공도무인(空島無人)의 땅이므로 그냥 문제로 삼지는 않았습니다. 지금 귀 주의 서신을 보고 조정은 생각할 것입니다. 울릉도는 여지도(輿地図)에 표시된 곳으로 조종(祖宗)의 땅은 촌분(寸分)이라도 버려서는 안 된다며 조정의 논의가 분분합니다."라고 했다. 한 사람이 말하기로는 "그 섬은 오랜 기간 버려두어 사람이 없을 뿐만 아니라 일본인이 점거해서 꽤 시간이 흘렀고, 만약 우리 땅이라고 답변하면 양국의 다툼이 여기에서부터 발생할지도 모른다"고 하고, 또 "그 때문에 울릉도라는 이름을 남기고, 죽도를 귀국의 땅으로 하여, 우리나라가 일부러 알리지 않고, 또 그 이름을 우리에게 남긴다면 아무런 불편이 없을 것입니다. 만약 결착을 보려 한다면 우리나라가 약하다고는 하지만 다툼을 이어갈 것입니다. 양국의 틈은 여기서부터 일어날 것입니다"라고 했다.

여기에서 사자는 결단해서 답신을 받아 돌아갔다. 쓰시마 번은 답신에 울릉이라는 문자가 있으므로 수신해서는 안 된다고 생각했다. 따라서 겐로쿠 7, 갑술년 2월, 다시 사자를 파견하여 재작성을 요구했다. 쓰시마 번의 서계는 이렇게 기술했다.

우리의 서신에는 울릉도에 관해서 아무 이야기도 안 했다. 그러나 이번 서신에는 울릉도라는 이름이 있었다. 이것은 이해하기 힘든 것이다. 단지 원하는 것은 울릉이라는 이름을 삭제해 주면 감사하겠다. 이하 생략.

이때, 조선은 앞의 말을 바꿔서 이렇게 말한다.

우리나라 강원도 울릉[진]현에 부속된 섬이 있다. 그 섬의 이름은 울릉도라고 한다. 역대에 걸쳐 이어져 왔으며, 그 사적은 명백하다. 지금 우리나라 어민이 이 섬에 건너가고 있다. 그런데 갑자기 귀국의 사람이 스스로 금지령을 어기고, [이 섬에 와서] 그들과 만나, 2명의 [우리나라] 백성을 붙잡아, 구속해서 에도로 송치했다. 다행스럽게 귀국의 대군이 사정을 잘 파악하여 친절하게 자량(資糧)을 베풀어, 보호해 주었다. 이것은 교린(交隣)의 정에 근거한 것으로, 그것이 잘 이루어진 것이라고 보아야 할 것이다. 이 감격을 무엇으로 말하랴. 그렇지만 우리나라 어민이 어업에 종사한 땅은 원래 울릉도이다. 그 섬은 대나무가 자라기 때문에 혹은 죽도라고도 부른다. 즉 하나의 섬에 두 개의 이름이 있다. 이 1도(島) 2명(名)의 상황은 단순하게 우리나라 서적에만 기록되어 있는 것이 아니라, 귀국의 사람들도 모두 알고 있다. 그런데 지금 도착한 서신의 내용은 죽도를 귀국의 땅으로 여기고, 또 우리나라에 대해 어선의 왕래를 금지하도록 바라고 있다. 게다가 귀국 사람이 우리나라의 경계를 침범하여 우리나라 어민을 구속했던 실태(失態)는 얘기하지 않고 있다. 이것은 바로 성신(誠信)의 도가 결여된 것이 아닌가. 이하 생략.

겐로쿠 8, 을해(乙亥)년, 재판(裁判)과 사자를 동래에 파견하여 앞의 내용에 대한 의문을 제기하고 해명을 요구했다. 기한을 정해서 답신을 기다렸으나 오지 않았다. 사자 일행은 논의 끝에 [승선하여 절영도에] 닻을 내리고 바람을 기다리던 중에 답신이 도착했다. 여기에서 재답신을 동래로 보내고 닻을 올려 돌아왔다. 이해 가을, [쓰시마 번주의 아버지] 요시자네(義眞)는 막부에 가서, 죽도 건을 집정(執政)에게 전달했다. 집정이 말하기를, "죽도는 바다 가운데 있어 우리나라에서는 멀고, 조선에서는 가깝습니다. 지금부터는 우리나라 어선의 왕래를 단단히 금지하도록, 이 뜻을 조선에 알리도록 하십시오"라고 했다. 겐로쿠 9, 병자(丙子)년 봄, 요시자네는 쓰시마로 돌아가서, [조선의] 역관을 초대했다. 그해 겨울, 역관이 [일본으로] 건너왔다. [요시자네]는 막부의 뜻을 역관에게 직접 전달했다. 역관이 귀국한 후에 예조에서 [왜관] 관수를 통해 서신을 보냈다.

요즘, 역관이 쓰시마에서 돌아와 여러분이 전한 말씀을 상세하게 전해주어, 자세한 내용이 모두 밝혀졌다. 울릉도가 우리 나라의 땅이라는 것은 여지승람(輿地勝覽)에 기록되어 있으며, 그 문적(文跡)은 매우 분명하다. 논의할 필요도 없이, 그쪽에서 는 멀고, 이쪽에서는 가까워서 그 경계는 자연스럽게 분별된 다. 귀국은 명령을 내려 [앞으로] 영원히 [귀국] 사람이 왕래하 여 어업과 채집하는 것을 허가하지 않는 것으로 했다. 그 언사 (言辭)의 뜻은 정중하며, 영원히 유지되어야 한다. 이것은 실로 잘된 일이다. 우리나라도 또 바로 관리에게 명령하여, 적절하 게 [섬을] 검찰(檢察)시키고, 양국 사람이 왕래하며 섞여 지내 는 폐해를 막도록 하겠다. 이하 생략.

따라서 예조의 서신을 막부에 전달하고, 겐로쿠 12(1699), 기묘(己卯)년 3월, 요시자네는 서신으로 예조에 답했다.

전년, 상관[象官: 외교관]이 바다를 넘어 온 날에 직접 만나 서 얘기를 들었으며, 죽도일건에 관해 우리 쪽의 모두가 사정 을 잘 알아들었다. 그리고 양국은 앞으로도 친분을 통교하고, 더욱 성실하게 노력하기로 했다. 더할 것 없이 기쁜 일이다. 그 뜻은 이미 [막부]에 보고했다. 이하 생략.

이 서신을 [왜관] 관수를 시켜 동래부에 전달하도록 했다.

【해제】

1870년, 사다 하쿠보(佐田白茅)·모리야마 시게루(森山茂)·사이토 사카에(斎藤栄) 등은 조일 외교의 역사나 조선의 실정 등을 조사한 보고서 『조선국 교제 시말 내탐서』를 외무성에 제출했다. 이 문서에는 조사 예정이 아니었던 「죽도·송도가 조선에 부속된 시말(始末)」이라는 제목의 항목이 포함되어 있었다. 이 항목은 매우 중요한 것이다. 이 자료는 비록 내용이 겨우 여섯 줄밖에 되지 않고, 죽도(울릉도) 와 송도(독도)가 조선의 부속이 된 경위도 기술되어 있지 않아 일본에서 경시되어 왔지만, 최근 『조선국 교제 시말 내탐서』에는 별책 부록인 『대주 조선 교제 취조서』가 있는 것이 판명되었으며, 그 가운데 이 「죽도일건」이 포함된 것이 밝혀졌다.

이 자료는, 사다 등이 겐로쿠 시대의 죽도일건(울릉도 쟁계)를 세심하게 조사했다는 것을 보여주고 있다. 단지, 이 자료에도 송도, 즉 독도에 관한 기술은 없다. 하지만 사다 등이 면밀한 조사를 통해 죽도가 조선의 부속이 되었다고 판단하였으며, 또 그 「이웃 섬」인 송도(독도)도 이에 관한 기록이 거의 없음에도 불구하고, 조선의 부속이 되었다는 결론을 내렸다는 것이 중요하다.

3. 후지 시게치카(藤茂親), 「죽도항행어렵원서(竹嶋航行漁獵願書)」, 『공문록 후쿠오카 번의 부』, 1871년. (일본 국립공문서관 소장)

【翻刻文】

「竹嶋航行漁獵願書」

福岡藩士族 藤茂親

私儀 去巳年隱岐縣奉職中御用間 漁民父老ノ徒相招キ 竹嶋地方且海岸等 篤ト尋問仕候處 自古日本嶋ト云傳へ 朝鮮漁民共モ亦日本竹嶋ト中コシ 萬治寬文頃迄ハ幕府ヨリ葵旗ヲ申受ケ 小銃ヲ携へ毎年航行シ 海獸ノ油ヲトリ渡世トス 近年モ時トシテ飄流漁獵仕候事有之傳聞ク 竹嶋方角相隔千山鹿行ナト申島嶼ハ朝鮮人住居イタス趣ニ候ヘトモ 竹嶋及ヒ松島ヘハ人烟更ニ不見受ト申侍ルニツキ 昨年以自力私財從者大庭善五ト申者ヲ彼嶋ニ差遣シ檢查セシメ候處 果テ人跡無之 周廻十七八里東南ノ方 風波平穩山低ク草木繁茂澗溪流出シ 中ニハ平地曠闊ノ地モ有之 巽ニ天險設備ハル湊口アリテ 繫舩碇泊何程モ可相容又此方寒暖適宜至極便利ノ場所ニシテ人民ヲ植付ルニヨロシ蓋僅々の孤島無數 品類夥シク 今是ヲ開墾セハ米穀菜蔬ハ勿論材炭魚塩ノ利無比ノ御國益ヲ可奉仰候 今也御維新ノ時 是ヲ不開シテ 空シク孤懸ノ一島ト捨置クハ 天地造物者ニ對シ豈不耻于心乎 既ニ昨年同志 秋月藩三角十郎ヲ出京セシメ 民部省へ差出候書面ニ精載事件候 右從者渡彼島候ハ八九月中ニテ 北洋最モ風波烈シク 特此島西北ノ方ハ朝鮮ノ波濤ヲウケ岩石高聳

海岸著舩ノ塲所無之故ニ舟楫廻漕イタシ難ク 依之其一隅微細
ニ点撿難相成 空シテ歸帆仕候 就テ此節風浪平穏ノウチ再度撿
査ノタメ 以自力凡七拾名航海仕ラセ候 若夫開墾ノ儀ハ他日試
驗能行届候上 冝下手先不取敢島嶼試驗漁獵等ノ儀 只管奉懇願
候 此段御執成奉願候 以上

　辛未五月　　　　藤茂親
　福岡藩廳 御中

　竹嶋再撿届
　福岡藩士族 藤茂親
　昨年午八月 山陰道磯竹島 加撿査候節 西北ノ一隅風浪烈シク
舟楫廻漕致シ難ク 空シク歸帆ス 故ニ當四月 彼一隅再撿トシテ
同志者ヲ遣シ候儀ハ五月ニ奉建言候願面ニ書載候通ニ御坐候
右航行者無恙帰著イタシ 直ニ東下仕申ニハ小磯竹海岸一周イ
タシ 殊ニ西北ノ方 微細点撿仕候ニ 人家更ニ無之 且物産不少
折節 朝鮮人上陸シ造舩イタシ候故 應接イタシ候處 彼者共二月
ニ渡海シ舩艦製造ヲ濟シ五月ニ歸帆イタシ 曽テ永住セントノ
以為ナシ 此島皇國ニテ小磯竹又松島ト稱スルヲ朝鮮ニテ欝島
ト唱ヨシ
　但小磯嶋ト隠岐トノ中間ニ 巨岩二ツ並ヘルヲ松島ト云説ア
リ 恐ラクハ誤リナラン
　其佗瑣々タル奇事アリト云トモ此ヲ略ス 大概如此ニ御坐候
間 此段御届申上候也
　福岡藩士族
　辛未六月　　　　藤茂親

福岡藩廳
御中

【국역문】

「죽도항행어렵원서」
후쿠오카 번 사족(士族) 후지 시게치카
　제가 지난 기사(己巳: 1869)년에 오키(隱岐)현에서 재직 중, 업무 간에 노인 어민을 불러 죽도지방 및 해안 등을 자세하게 심문한 결과, 옛날부터 일본의 섬이라고 전해지고 조선의 어민들도 또한 일본의 죽도라고 말한다는 것입니다. 만지(万治)와 간분(寬文) 시대 때[1658-1673년]에는 막부로부터 해바라기 문양[도쿠가와 가문의 상징]의 깃발을 받아, 소총을 휴대하고 매년 항해하여, 바다짐승의 기름을 취하여 생계를 유지했었습니다. 최근에도 가끔 표류하거나, 어렵을 한 경우가 있다고 전해 듣고 있습니다. 죽도 방향으로는 천산(千山)과 롯코(鹿行) 등의 섬에는 조선인이 거주하는 것 같습니다만, 죽도나 송도(松島)에는 사람이나 연기가 보이지 않는다고 하므로, 작년에 스스로의 힘으로 개인재산을 털어 하인인 오바 젠고(大庭善五)라는 사람을 그 섬에 파견하여 조사시킨 결과, 사람의 흔적은 없고, 주변은 17~8리[약 70km]이며, 동남쪽으로는 바람과 파도가 평온하며, 산은 낮고, 초목이 무성하고, 계곡에서 시냇물이 흘러나오며, 그중에는 평지가 넓게 펼쳐진 곳도 있습니다. 남동쪽에는 자연적으로 생성된 포구가 있어 선박 계류 및 정박도 얼마든지 가능합니다. 또한 이 땅은 기온이 적당하여 지극히 편리한 장소이며, 인민을 식민하기에 적절한 곳입니다. 분명히 얼마 안 되는 고도(孤島)가 무수하고, 생산품의 종류도 많고, 지금 이것을 개간한다면 곡식이나 식용 채소는 물론, 숯재료나 생선, 소금으로부터 얻는 이익은 비할 데 없는 국익이 될 것입니다. 지금은 유신의 시기입니다. 이를 개발하지 않고 고도의 하나로 버려두는 것은 천지조물자(天地造物者)에게 얼마나 부끄러운 일이 아니겠습니까? 이미 작년에 같은 뜻을 지닌 아키즈키 번[秋月藩, 현재의 후쿠오카 현 중부지방]의 미스미 쥬로(三角十郎)를 도쿄에 보내어 민부성에 제출한 서면에도 상세하게 이 건을 기술했습니다. 앞에서 언급한 하인이 이 섬에 건너갔던 계절은 [음력] 8, 9월 중으로, 북쪽 바다에 가장 풍파가 심하고, 특히 섬의 서북쪽은 조선의 파도를 받아 암석이 높이 우뚝 솟아있고, 해안에 배를 댈 장소가 없어 배를 보내기 어려웠으므로, 이 구역만은 자세한 조사가 곤란해서 어쩔 수 없이 그냥 돌아왔습니다. 이와 관련해서 이번에는 파랑이 평온할 때 재조사를 위해 자력으로 약 70명을 항해시켰습니다. 개간 건은 혹시 다른 기회에 시험이 성공적으로 진행되면 착수할 예정이므로 먼저 시험 어렵 등을 허락해 주시기를 거듭 호소하는 바입니다. 이 내용을 받아들여 주시기를 간절히 부탁드립니다. 이상.

신미[辛未, 1871]년 5월 후지 시게치카
후쿠오카 번청 귀중

「죽도 재검 신고서」

후쿠오카 번 사족, 후지 시게치카

작년인 경오(庚午, 1870)년 8월, 산음도(山陰道)의 기죽도 (磯竹島)를 조사했을 당시, 서북쪽 구역은 파랑이 심해 배를 댈 수가 없어서 어쩔 수 없이 그냥 돌아왔습니다. 그 때문에 올해 4월에 그 구역을 재조사하려고 동지들을 보냈는데, 이 건은 5월에 말씀 올렸던 청원서에 기술한 대로입니다. 이 항해자들은 무사히 돌아와서 바로 도쿄로 와서 "소기죽(小磯竹)의 해안을 일주하여, 서북쪽을 자세하게 점검한 결과, 인가(人家)는 더더욱 없고, 또한 산물은 적잖게 있었습니다. 바로 그때, 조선인이 상륙하어 배를 만들고 있어서 대화하였더니, 그들은 '2월에 바다를 건너와서, 선박 건조를 마치고 5월에 돌아가며, 영주하려는 뜻은 없습니다. 이 섬은 황국[일본]에서는 소기죽 혹은 송도로 부르지만, 조선은 울릉이라고 부릅니다.'라고 했습니다."라고 말했습니다.

단지, 소기도(小磯島)과 오키(隱岐) 중간에 큰 바위가 두 개 나란히 있는 것이 송도라는 설이 있으나, 아마도 잘못된 것일 겁니다.

그 외, 사소한 기사(奇事)가 있습니다만, 이것은 생략하겠습니다. 대체로 이러한 내용입니다. 이 내용을 말씀드립니다.

후쿠오카 번 사족, 후지 시게치카

신미[辛未, 1871]년 6월

후쿠오카 번청 귀중

【해제】

　이 자료는 메이지 시대 초기의 죽도(울릉도) 개척청원서이며, 울릉도에서 조선인의 선박 건조에 관해 보고 들은 것을 기록한 것으로 주목할만한 가치가 있다. 이 개척청원서를 제출한 인물은 과거 오키 현에서 근무했던 후지 시게치카이며, 그 지방 노인의 이야기를 근거로 하여 실제 지역 조사를 시행한 후에 죽도 항행/어렵 청원서를 출신지인 후쿠오카 번을 통해서 민부성에 제출한 것이다. 실제 지역 조사는 두 차례 실시했는데, 2번째 보고서인 「죽도재검 신고서」에 조선인의 선박 건조와 송도(독도)에 관한 내용이 기술되어 있다.

　같은 내용의 기록은 지쿠젠우라[筑前浦, 현재의 후쿠오카 현]의 상인 쓰가미 에쓰고로(津上悦五郞)의 『견문약기(見聞略記)』에도 실려있으며, 두 번째로 섬에 건너갔을 당시의 항해자나 항해 일정, 송도 등에 관한 기록이 있다. 그에 의하면, 쓰가미 사다에몬(津上定右衛門)의 선박인 쿠니히사마루(國久丸)는 미야우라[宮浦, 현재의 후쿠오카 시]에서 오키와 송도(독도)를 지나 음력 5월 8일 저녁 무렵, 울릉도에 도착하여, 조선인의 마중을 받았다고 한다. 또한 송도는 "바위산으로 목재가 없음"이라고 기록되어 있을 뿐, 거의 관심을 얻지 못했다. 한편, 후지 시게치카는 독도를 송도라고 부르는 것은 잘못된 것이라고 믿고 있는 등, 섬의 이름에 관하여 혼란을 겪고 있다.

　후지 시게치카의 청원서는 민부성의 심사를 거친 결과, 죽도는 일본의 영토라는 확증이 없으며, 조일 양국 간에 자주 논의가 있었던 토지로, 설령 시험적으로 건너가 보았다고 하더라도 거기에서 무슨 곤란한 상황이 발생할지 모르기 때문에, 판도 (版図)의 확정이 있을 때까지는 허가할 수 없다는 지령이 내려 왔다.

4. 「오키(隱岐)」, 『일본지지제요(日本地誌提要)』, 50권 (일본 국립공문서관 소장)

【翻刻文】

隱岐

彊域 [途中省略]

郡數

總四郡。村數六拾壹。町數壹。

知夫。島前西島。及知夫里島ヲ云。○村數五。

海士。島前ノ中ノ島ニシテ。知夫ノ東ニアリ。以上二郡ヲ島前 ト稱ス。○村數八。

周吉。島後ノ東北隅。西隱地ニ接ス。○村數參拾貳。町數壹。

隱地。島後ノ西隅。周吉ノ西。○村數壹拾六

戶數 [途中省略]

島嶼

島津島。知夫郡知夫里ノ南貳町ニアリ。周圍貳拾九町五拾壹 間。東西五町。南北九町。

松島。一名島山。海士郡豐田村ニ屬ス。中島ノ東拾八町。周圍 壹里九町四拾四間。東西七町。南北拾三町。穩地郡津戶村ニ屬 ス。松島ノ北貳拾町。周圍貳拾五町五拾七町。東西七町。南北五 町。

○本州ノ屬島。知夫郡四拾五。海士郡壹拾六。周吉郡七拾九。 之ヲ總稱シテ隱岐ノ小島ト云。○又西北ニ方リテ松島竹島ノ２ 島アリ。土俗相傳テ云フ。穩地郡福浦港ヨリ松島ニ至ル。海路凡

六拾九里三拾五町。竹島ニ至ル。海路凡百里四町餘。朝鮮ニ至ル
海路凡百三拾六里三拾町。

暗礁[以下省略]

【국역문】

오키(隱岐)

강역(彊域) [중략]

군수(郡數)

총 4군, 61촌(村). 1정(町).

지부리(知夫), 도젠(島前) 서쪽 섬 및 지부리 섬을 가리킴. 5촌.

아마(海士), 도젠의 나카노시마(中ノ島)로, 지부리의 동쪽에
있음. 이상 2군을 도젠이라고 부름. 8촌.

스키(周吉), 도고(島後)의 동북 지역, 니시오치(西隱地)와 인
접. 32촌. 1정.

오치(隱地), 도고의 서쪽 지역, 스키의 서쪽. 16촌.

호수(戶數) [중략]

도서(島嶼)

시마즈(島津)섬, 지부리 군 지부리 리의 남쪽 2정(町) 거리에
있음. 주위는 29정 51간(間), 동서는 5정, 남북은 9정.

마쓰시마(松島), 다른 이름은 시마야마(島山)로 아마 군(海士
郡) 도요다(豊田) 촌 소속. 나카노시마의 동쪽 18정 거리, 주위
는 1리 9정 44간, 동서는 7정, 남북은 13정.

오모리시마(大森島), 오치 군 쓰토(津戶) 촌에 속함. 송도의

북쪽 20정 거리에 있음. 주위는 25정 57간, 동서는 7정, 남북
은 5정. 혼슈(本州)의 속도(屬島).

　지부리 군 45, 도요다 군 16, 스키 군 79. 이것을 총칭하여
오키의 소도(小島)라고 부름.

　또 서북 쪽으로 송도·죽도으 두 섬이 있음. 지방에서 전해져
오기로, 오치 군 후쿠우라(福浦) 항에서 송도에 다다르는 해로
는 약 69리 35정. 죽도에 다다르는 해로는 약 100리 4정 정도.
조선에 다다르는 해로는 약 136리 30정.

　암초 [이하 생략]

【해제】

　이 자료는 태정관 정원 지지과에서 1874년 8월 이전에 편찬
되어, 1878년 1월에 내무성 지리국 지지과에서 발간된 『일본지
지제요』 제8권에 수록된 것이다. 이에 따르면 오키에 소속된
섬은 모두 합쳐서 140개이며, 여기에 송도(독도) 및 죽도(울릉
도)는 포함되지 않는다. 이처럼 일본의 관찬 지지는 독도를 일
본영토로 보지 않았다. 게다가 『일본지지제요』의 편집에 참여
했던 나카무라 모토오키(中村元起)는 정원 지지과가 내무성 지
리료 지지과로 변경된 후인 1875년에 『의죽도각서(礒竹島覺
書)』를 편찬했는데, 이 책에서 그는 송도/죽도가 일본의 어느
지방에도 소속되지 않는다고 기록하고 있다. 따라서 관찬 지지
를 담당했던 태정관이나 내무성은 일관하여 독도를 일본의 영
토로 간주하지 않았다는 것을 알 수 있다.

5. 야마모토 오사미(山本修身)의 「복명서(復命書)」, 『메이지 17년 울릉도 일건록(明治十七年蔚陵島一件録)』, 1883년(야마구치현 문서관 소장)

【翻刻文】

「復命書」

修身義

　本縣下人民ニテ人夫ヲ募リ窃に朝鮮蔚陵島ヘ渡航シ島内之樹木等ヲ伐採　之ニ付急々召還方家族又ハ親族之者ヘ厳重申聞ケ呼戻納得之受書ヲ徴スヘキノ命ヲ奉シ明治十六年八月十八日山口ヲ發シ吉敷郡役所ヲ経テ佺郡井關村士族松岡節之助ヲ取調ヘノ爲メ該村に到リシニ　佺人義ハ其三四日前ヨリ赤間關ヘ罷越　不在中ニ付　戸長ヲシテ右旅行之用向ハ何事ニ有之哉ヲ家族之者ニ就キ取調ヘサセシ處　折角伐採運輸之爲メ舩艀之用意中ニ有之際御達之趣モ有之タルヲ以テ　該舩ヲ以テ迎舩トナスヘキ爲メ罷越シタル由ヲ戸長ヨリ申出之ニ付　尚本人帰村セシ上ニテ尋問ナスヘキ件々ヲ戸長ヘ申聞ケ置タリ・・・[途中省略]

　[東京組]募集之人夫職工等ハ東京并大津郡美祢郡辺之者多ク然シテ東京人　鳥海要三　庄司勇二郎之両人ハ全組之人夫職工頭ナリ　全組之人夫職工等ハ十四年八月頃ヨリ渡島　最初ハ鮑漁ノミニ従事シタレトモ後ニ至リ伐木ニモ従事シタル由　是レハ当初既ニ大倉組ニテ専ラ伐木ニ従事セシヲ以テ　他ニ先鞭ヲ付ケシ業ヲナスヲ愧チ　別ニ鮑漁ノミニ従事セシ趣ニ有之候　抑モ日

本人等該島ヘ渡航之發端ハ　先年榎本公使魯國ヘ渡航之際發見
全氏之談話ニ依リ　榎本之妻弟林紳二郎(故陸軍々医林紀ノ弟)
東京府平民近松松二郎　岩崎某　渡航ノ事ヲ發意シ　明治十一年中
先ツ試ニ近松松二郎ハ汽船高尾丸ニ乗込ミ該島ヘ渡リ　一旦歸
國之上其伐木漁獵ニ従事セシハ十二年中ナリト云フ　然シテ
十三年ニ至リ東京大倉組ト相謀リ　全組ヨリモ多分ノ資本金ヲ
出シ軍艦磐城号ヲ以テ人夫職工等ヲ渡島セシム　右軍艦之借用
セシ事ニ付テハ榎本ヨリ瀧野艦長ヘ依托ヲナセシト云フ　爾來
樹木之伐採等ニ従事スト雖トモ　予期之如ク其利益ナク　榎本
林　近松等ハ各三千圓宛　大倉組ハ一万圓余之損亡トナリ　終ニ
十四年十月ニ至リ伐木之業ヲ止メ　海軍省用舩廻漕丸ヲ以テ　伐
採之樹木并ニ人夫等ヲ引揚ケタル趣　茲ニ於テ伊藤理一ハ近松
松二郎ト商談シ更ニ二十五年中ヨリ鮑漁ノ業ヲ廃シ伐材ニ従事ス
ル爲メ冬春季ヨリ工夫ヲ渡島セシメ　且ツ伐材其他一切ノ業務
ヲ綜理セシムル爲メ代理人ヲ派遣シ　自身ハ本國ニ在リテ万般
之差圖ヲナシタリト云フ　全年十月ニ至リ迎舩ヲ仕立ルト雖ト
モ順風ナク　遂ニ冬海ニ際シ航路全ク絶ヘ　爲ニ工夫ハ滯島越年
セシ由　却説　該島ノ南方ニ当ル處ヘ日本人ヨリ左之標木ヲ建設
シタル由

　大日本帝國松島槻谷　岩崎忠照

　紀元二千五百一一年

　明治十三年ニ当ル

　十四年春　朝鮮國巡察使　來島シテ應接シタル大意ハ左ノ如ク
ナリシト云フ

　朝鮮人云ク　　本島ハ我國ノ留メ山ニ有之處貴國人等何等ノ

　　　　用事アリテ渡航セシ哉

日本人云ク　　風波ノ爲メ漂着シタル者ニ有之

朝云ク 何日頃歸國スル哉

日云ク 迎船ノ着次第ナリ

朝云ク 人名並職名ヲ承知致度

茲ニ於テ人名ヲ記シ渡シタレトモ其節ハ社員ノ中ニテ重立タ
ル者ハ在島セサル様子故ニ　姦智ノ輩カ取計ニテ山口縣下ノ者
ヲ宮城縣の者宮城縣下ノ者ヲ北海道辺ノ者抔ト詐称シ　且ツ朝
鮮人ヨリ職名云々ト問ヒタルハ官職名之事ニ有之タルヲ心付カ
スシテ　大工職或ハ木挽平人夫抔記シタルニハ社長等モ後ニテ
慚愧シタリト云フ　右應接終ハリタル後　朝鮮國巡察使ヨリハ滞
島中ノ慰労の爲メ酒肴ヲ贈リタルヲ以テ　日本人ヨリモ持合セ
ノ酒或ハ魚類ヲ贈リ之レニ酬ヒタル由　然シテ巡察使等將ニ該
島ヲ去ラントシテ乗舩ノ際　日人ヨリ應接ヲ乞フテ云ク　貴國ノ
高官等　歸國ニ付　祝砲ヲ發シ海上之安寧ヲ祈ラントト欲スルノ旨
ヲ通セシニ　朝人之レヲ諾シタルヲ以テ　在島人中ニテ持合セ居
リタル小銃ヲ發スル事凡ソ十回　朝人等モ舩中ヨリ火縄銃ニテ
空發シ答禮セシト云フ　其後十五年ニ至リテハ朝鮮國検察使李
奎遠　軍管沈宜琬　高宗八　徐相鶴等ノ数人渡島シテ海濱ニ於テ
自國ノ練兵ヲ示シタル由　其砲ノ應接ニテハ海獵ヲ除クノ外　伐
材ハ随意ニナスヘシ　尚明年モ渡航苦シカラスト云ヒタル由　朝
鮮國ヨリハ毎年凡三百計リツゝ渡航シ　昆布等ヲ採リ　秋季ニ至
レハ本國ヘ立歸ル趣　尤モ其中四名程ハ人参ヲ採ル爲メ該島ニ
残シ置クト云フ　然ルニ昨年ハ右居残リセシ朝鮮人ハ食料之尽
キタル爲メ　殆ント飢餓ニ迫ラントスル際　日本人等之居残セシ

者ヨリ飯米二俵惠与セシ處　誠ニ其厚意ヲ感謝シ　右等ノ事ヨリ
シテ大ニ朝鮮人ノ氣受ケ宜敷シカリシニ　本年陰暦四月二日　朝
鮮國ノ高官兵隊様之者凡ソ百名計ヲ率ヒ該島ニ來リ　日本人ヘ
對シ大ニ武威ヲ示スモノノ如ク　右朝鮮兵隊中ニ三名肥大ナル
豪力者アリ日本人ト見レバ誰レ彼レヲ問ハス行形頭上ヲカニ任
セ壓シ付ケ地上ヘ屋伏セシメ　日本人モ殆ント困難激怒セシ處
一日　伊豫ノ者ニテ舩頭某ナル者ト出会シ　此者ハ頗ル腕力アリ
テ　加フルニ柔術ノ覚ヘアレバ　却テ朝鮮人ヲ見事ニ地上ヘ投ケ
付ケタレバ　大ニ朝人ハ激怒ヲ發シ再ヒ來リテ抗スルレモ重テ
投付置キ　尚一層悩マサレスル勢ヲ示セシ處　頓ニ不通ノ談ヲ吐
キ　其態恰モ謝罪スルモノノ如クニ有之シト云フ　其節モ朝鮮人
ト應接アリテ　其答弁員トナリシハ藤津政憲設立ノ旭組副頭取
愛媛縣人　内田尚長ト云フモノニテ其應接之大意ハ左ノ如クナ
リシト云フ

　朝鮮人云ク　本島ハ我國之處領ナレバ　外國人等ハ猥リニ渡航
上陸スヘキ筈無之　然ルニ斯ク上陸、剩ヘ樹木等ヲ伐採セルハ日
本政府之命令ナルカ　又ハ知ラスシテ渡航セシ歟

　日本人云ク　日本政府ノ命令ニハアラサレドモ萬國公法ニ拠
ルモ無人島ハ發見セシ者　三年間其地ニ住居スルトキハ所有ノ
權可有之ニ付　樹木ヲ伐採スル何ノ妨ケカアラン

　朝云ク　然ラハ我國政府ヨリ貴國政府ヘ照覆スル事アリ　然シ
ナカラ今ニシテ不残本島ヲ立去リ　將來渡航セサル事ヲ承諾ス
レハ　敢テ貴國政府ヘ照覆ナスノ煩ヲ省カン

　日人云ク　本島ハ貴國之所領ナル事彼我政府ニ扵テ條約アレ
ハ　便船次第立去ルヘシト雖トモ　既ニ伐採シタル材木ハ如何ス

ヘキカ
朝云ク ソレハ持帰ルモ苦シカラス

右問答終ハリ日人モ渡航セサル義ヲ承諾シ 互ニ相別レタリ
ト云フ 尤モ本年ハ朝鮮國ヨリ渡航セシ者ハ孰レモ永年移住ノ
積リニテ 既ニ従來ノ如キ仮小屋にアラサル家屋ヲ繕ヒシ事
四十余戸モ有之由 且ツ土地モ追々開墾シテ耕作地トナシタリ
トノ風評ニ有之候・・・[途中省略]

明治十六年九月三日　　　　十等属 山本修身

山口縣令 原保太郎殿代理
山口縣書記官 近藤幸止殿

【국역문】

「복명서」

오사미 제출

본 현[야마구치 현] 사람으로서 인부를 모집하여, 몰래 조선
울릉도에 도항해 섬 안의 수목 등을 벌채했으므로 서둘러 소환
하기 위해 가족 또는 친족에게 엄중하게 지시하고, 소환을 받
아들인다는 수락서를 징수하라는 명령을 받았습니다. 메이지
16(1993)년 8월 18일, 야마구치를 출발하여 요시키 군(吉敷郡)
군청을 거쳐 같은 군 이세키 촌(井關村)의 사족(士族) 마쓰오카
세쓰노스케(松岡節之助)를 조사하기 위하여 해당 촌에 도착했

습니다. 그랬더니, 그 사람은 3, 4일 전부터 아카마가세키[赤間關, 현재의 시모노세키]로 가서 부재중이었습니다. 그러므로 호장(戶長)에게 그 여행목적이 무엇인지 가족에게 물어보도록 했습니다. 그랬더니 때마침 벌채 및 운송을 위한 부선(艀船)을 마련하는 중이었는데, [소환하라는]지시가 있어, 그 부선을 송환용 배로 만들기 위해서 간 것이라고 호장이 답변했습니다. 따라서 본인이 마을로 돌아온 후에 심문할 내용을 호장에게 말해두었습니다. [도중생략]

[도쿄 조(組)] 모집한 인부나 직공 등은 도쿄 및 오오쓰 군(大津郡)과 미네 군(美祢郡) 근처의 사람들이 많습니다. 그리고 도쿄 사람, 도리우미 요조(鳥海要三), 쇼지 유지로(庄司勇二郎) 두 사람은 도쿄 조 인부와 직공의 대표입니다. 도쿄 조의 인부와 직공 등은 14(1991)년 8월 경부터 섬으로 건너가, 처음에는 전복 채취에만 종사했는데, 훗날 벌채에도 종사했다고 합니다. 이것은 당초에 이미 오오쿠라 조가 주로 벌목에 종사하고 있었기 때문에, 다른 사람들이 먼저 터를 닦아둔 일에 끼어드는 것을 부끄럽게 여겨, 따로 전복 채취에만 종사했다고 합니다.

애초에 일본인이 그 섬에 도항하게 된 계기는 몇 년 전 에노모토(榎本) 공사가 러시아로 도항할 당시에 발견하여, 에노모토 씨의 말을 듣고 그의 처남인 하야시 신지로(林伸二郎) 〈육군 군의 고 하야시 오사무(林紀)의 동생〉와 도쿄 부의 평민 지카마쓰 마쓰지로(近松松二郎), 이와사키(岩崎) 아무개 등이 도항하기로 발의하고, 메이지 11(1878)년에 우선 시험적으로 지

카마쓰 마쓰지로가 기선 다카오(高雄) 호를 타고 그 섬으로 건
너갔으며, 일단 귀국한 다음에 벌목과 어렵에 종사한 것은 12
년부터라고 합니다. 그 후 13년이 되어 도쿄 오오쿠라 조와 결
탁하여 그 조에서도 많은 자본금을 내어 군함 이와키(磐城) 호
로 인부와 직공 등을 섬으로 보냈습니다. 이 군함 차용과 관련
해서는 에노모토가 다키노(瀧野) 함장에게 의뢰했다고 합니다.
이후, 수목 벌채 등에 종사하기는 했지만 예상한 만큼의 이익
이 나오지 않아, 에노모토와 하야시, 지카마쓰 등은 각각 3천
엔 씩, 오오쿠라 조는 약 1만엔의 손해를 보았다고 합니다. 결
국 14년 10월이 되어 벌목업을 그만두고, 해군성의 용선인 가
이소(廻漕) 호로 벌채한 수목과 인부 등을 철수시켰다고 합니
다. 이 시점에 이토 리이치(伊藤理一)가 지카마쓰 마쓰지로와
상담하여, 이듬해인 15년 중반부터 전복 채취를 그만두고, 벌
목에 종사하기 위해 겨울부터 봄에 걸쳐 직공과 인부들을 섬으
로 보냈으며, 또한 벌목과 기타 모든 업무를 관리하기 위한 대
리인을 파견하고, 자신은 본국에 있으면서 모든 지시를 했다고
합니다. 같은 해 12월이 되어 귀환을 위한 선박을 완성했지만,
순풍을 기다리다가 결국 겨울이 되어 항로가 완전히 끊긴 탓
에, 직공들은 섬에 남아서 다음 해를 맞이했다고 합니다. 다른
이야기지만, 그 섬 남쪽 부분에 일본인이 아래의 표목(標木)을
건설했다고 합니다.

대일본제국 송도 규곡(大日本帝國 松島 槻谷)

이와사키 다다테루(岩崎忠照)

기원 2511년(紀元二千五百一一年)

메이지 13년에 해당함

14년 봄, 조선국 순찰사가 섬에 와서 면담했을 때의 내용은
아래와 같다고 합니다.

조선인이 말하길, "이 섬은 우리나라의 류산[留山, 일반인의
이용을 금지한 산림]인데, 귀국 사람이 무슨 일로 도항했는
가?"

일본인이 말하길, "풍파 때문에 표착한 것입니다."

조선인이 말하길, "몇일 경에 귀국하는가?"

일본인이 말하길, "배가 마중 오는 대로 갈 것입니다."

조선인이 말하길, "인명과 직명(職名)을 알고 싶다."

이때, 인명을 적어서 건네주었는데, 그 당시에는 사원 중에
주요한 인물이 섬에 없었기 때문에, 간교한 지혜가 뛰어난 사
람이 꾀를 내어 야마구치현 사람을 미야기현 사람으로, 미야기
현 사람을 홋카이도 쪽의 사람 등으로 속여 말했습니다. 또 조
선인이 직명 등을 질문한 것은 관직명을 물어본 것인데도 그것
을 알아차리지 못하고, 목수 또는 벌목공, 인부 등으로 적었는
데, 사장들도 나중에야 알고 부끄럽게 여겼다고 합니다. 이 면
담이 끝난 후, 조선국 순찰사가 섬에 체재 중인 사람을 위로하
기 위하여 술과 안주를 보내왔고, 일본인도 가지고 있던 술이
나 생선 등을 보냈다고 합니다. 그리고 순찰사 일행이 섬을 떠
나기 위해 승선하려고 할 때, 일본인들이 면담을 신청하여 말
하기를, "귀국의 고관들이 귀국하는데 축포를 쏘아서 바닷길의
안녕을 기원하고자 합니다."라고 하자, 조선인이 이를 수락하여

섬에 있는 사람들이 가지고 있던 소총을 발포한 것이 약 10회였다. 조선인들도 배에서 화승총으로 공포를 쏘아 답례했다고 합니다. 그 후, 15년에는 조선국 검찰사 이규원(李奎遠), 군관 심의완(沈宜琬), 고종팔(高宗八), 서상학(徐相鶴) 등, 수 명이 섬으로 건너와, 해변에서 조선국 병사가 훈련하는 모습을 보여주었다고 합니다. 그때의 면담에서는 강치잡이를 제외한 벌목은 마음대로 실시해도 괜찮으며, 내년에도 도항해도 괜찮다고 말했다고 합니다. 조선국에서는 매년 약 300명 정도가 도항하여, 다시마 등을 채취하고 가을이 되면 본국으로 돌아간다고 합니다. 그중에 4명 정도는 인삼을 캐기 위하여 섬에 남는다고 합니다. 그런데 작년에는 남아있던 조신인이 식량이 떨어져서 거의 굶어 죽을 지경에 이르렀으나, 남아있던 일본인들이 밥 지을 쌀을 2표(俵) 나눠주었더니 진심으로 그 후의에 감사했으며, 이로 인해 조선인의 인상이 매우 좋았습니다. 그런데, 올해 음력 4월 2일, 조선국 고관이 병사들로 보이는 사람 약 100명 정도를 이끌고 섬으로 왔습니다. 일본인에게 크게 무력 시위를 하기 위해서인지, 조선 병사 중 비대하고 완력이 센 사람 3명이 일본인이라면 누구도 상관하지 않고, 갑자기 머리를 힘으로 눌러 땅바닥에 엎드리게 하였습니다. 일본인들도 너무 괴로워서 매우 격노해있었는데, 어느 날 이요[伊予, 현재의 에이메현]지방 사람인 뱃사공과 만났습니다. 이 사람은 매우 강한 완력을 지녔으며 유술(유도)을 배운 적이 있는 사람이어서, 오히려 조선인을 보기 좋게 땅바닥에 내다 꽂아 버렸습니다. 그러자 조선인이 크게 격노하여 다시 와서 대항했지만, 또다시 내동댕이쳐졌으므로 좀 고민하는 듯한 모습으로 갑자기 의미를 알 수 없는 말을 내뱉었는데, 그 모습이 마치 사죄하는 모습처럼 보였다고 합니다. 그때도 조선인과 면담을 했는데, 답변을 한 것은 후지쓰 마사노리(藤津政憲)가 설립한 아사히 조의 부대표로 에히메 현 출신인 우치다 히사나가(內田尙長)라는 사람이었으며, 그 면담 내용은 대략 아래와 같았다고 합니다.

조선인이 말하길,

"이 섬은 우리나라 소속의 영도이므로 외국인은 함부로 도항, 상륙해서는 안 된다. 그런데도 이렇게 상륙하고, 게다가 수목들을 벌채한 것은 일본 정부의 명령인지, 아니면 몰라서 도항한 것인가?"

일본인이 말하길,

"일본 정부의 명령은 아니나, 만국공법에 따르면, 무인도는 발견한 사람이 3년간 그 땅에 거주하면 소유할 권리가 있으므로, 수목을 벌채하는 데는 아무런 지장이 없을 것이다."

조선인이 말하길,

"그렇다면 우리나라 정부에서 귀국 정부에 조회해 보겠다. 그렇지만 지금 모두 이 섬에서 퇴거하고 앞으로 도항하지 않을 것을 승낙한다면, 일부러 귀국 정부에 조회하는 수고를 덜고 싶다."

일본인이 말하길,

"이 섬이 귀국의 영토라는 양국 정부의 조약이 있다면, 배가 도착하는 대로 떠날 예정이나, 이미 벌채한 재목은 어찌해야 하는가?"

조선인이 말하길,

"그것은 가져가도 좋다.'」

이러한 문답이 끝나고 일본인도 도항하지 않을 것을 승낙하고, 서로 헤어졌다고 합니다. 무엇보다 올해는 조선국에서 도항한 사람이 모두 오랫동안 이주할 예정이며, 이미 예전과 같은 움막이 아니라 가옥 40여 호를 만들어 두었다고 합니다. 또한 토지도 차차 개간해서 경작지로 만들었다는 소문이 있습니다. [이하 생략]

메이지 16년 9월 3일
십등속(十等屬) 야마모토 오사미(山本修身)

야마구치 현령 하라 야스타로(原保太郎) 님 대리
야마구치 현 서기관 곤도 고시(近藤幸止)님

【해제】

이 자료는 1882년에 이규원이 울릉도 검찰을 시행하게 되는 원인이 된 일본인의 울릉도 침입에 관한 야마구치현의 조사 보고서이다. 조선 정부로부터 항의를 받은 일본 정부는 울릉도 침입자가 많은 야마구치현에 조사를 지시했는데, 그 조사를 담당한 것이 바로 이 자료의 작성자인 야마모토 오사미이다. 야마모토는 야마구치 현 사람이 울릉도에 침입하게 된 경위와 울릉도에서의 도벌 실태 등에 관한 청취조사를 실시했다. 그 결과 이 침입 사건에는 메이지 정부의 고관인 에노모토 다케아키(榎本武揚)가 처음부터 관여하고 있었던 것이 밝혀졌다.

에노모토는 러시아 공사에서 해군경[해군대신]으로 전보되자마자, 침입자들을 위해 군함을 이용하게 해주었으며, 자신도 그 사업에 투자했다. 에노모토는 일본에서 만국공법[국제법]의 선구자로 불리는데, 그의 영향을 받은 침입자의 언동을 보면 에노모토가 국제법을 이용하여 울릉도를 탈취하려고 했던 것으로 의심이 가는 대목이 있다. 한편 이 지료는 이규원의 『울릉도 검찰일기』 및 1881년의 울릉도 수토관 보고와 부분적으로 대조해 볼 수 있는데, 그 내용은 거의 일치하지만 일본인이 「대일본국 송도 규곡」이라고 적은 표목을 세운 해에 관하여는 차이가 보인다.

이 침입 사건을 계기로 일본 외무성은 죽도(울릉도)의 소속 문제를 조사하여, 조사 결과를 「죽도 판도 소속고(竹島版図所属考)」와 『죽도고증(竹島考證)』으로 정리하여, 울릉도를 조선령으로 인정하고, 1883년에 일본 정부는 침입자들을 강제 송환했다.

6. 아카쓰카 쇼스케(赤塚正助), 「울릉도 조사 개황(欝陵島調査槪況)」, 『울릉도 벌목 관계 잡건(欝陵島における伐木關係雜件)』, 1900.(外務省資料3532)

【飜刻文】

「欝陵島調査槪況」

第一 位置及地勢

欝陵島ハ釜山ヲ距ル百八十哩 元山ヲ距ル百八十哩 日本ノ隱岐ヲ距ルコト百四十哩ノ海洋ニ孤立セル一島嶼ニシテ 周回凡ソ十里 全島皆巖石ヲ以テ 數多大小高低ノ山ヲ築キ 無數ノ深谿其間ニ縱橫シ 山巓ヨリ谿間ニ至ル迄 欝蒼タル樹木ヲ以テ蔽ハレ 極メテ壯觀ナリ 沿岸一帶皆殆ント懸崖絕礕ニシテ港灣殆ント無ク 風浪ノ際ハ船舶ノ難ヲ避ルニ由ナシ 僅カニ道洞ト稱スル所ニ於テ絕礕ノ間ニ極メテ狹キ一小港アリ 日本ノ風帆船二百石積以下ノ者ハ 此處ニ來リテ碇ヲ下スト雖トモ 風浪ヲ防クニ足ラサルヲ以テ 皆之ヲ陸ニ引揚ケ居レリ 故ニ汽船ノ如キハ隱波ニ乘スルニ非サレハ 該島ニ至ルコトハ甚タ危險ナリ 此ノ如キヲ以テ 元山 釜山若クハ日本ノ境 若クハ馬關等 最モ該島ニ接近セル場所トモ舟揖ノ往來至テ少ナク 所謂絕海ノ孤島ナリ 陸上ノ交通モ亦多クノ山谷ヲ上下セサル可カラサルヲ以テ 殆ト道路ト稱スヘキモノナク 一ノ村ヨリ他ノ村ニ至ルニハ極メテ困難ナリ

第二 産物

海産物トシテハ若布 天草 鮑魚ノ類ニシテ 其産額ハ多カラス 漁業ハ海底概シテ深ク 且ツ巖石多キヲ以テ全ク見込ナシ

農産物トシテハ大豆 麥 及馬鈴薯ノ類ナリ 然レトモ全島山ノ集合ニシテ全ク平地ナキヲ以テ 島民ハ山ノ半腹ニ畠ヲ開キテ蒔種セサル可カラス 畠地ノ面積ハ餘マリ廣カラス 而カモ旣ニ開墾シ盡シテ 寸尺ノ餘地ナキカ如シ 大豆ノ總産額ハ年平均凡ソ五千石ニシテ 內平均三千石ハ重モニ之ヲ日本ニ輸出ス 其代價日本相塲平均二萬圓位ナリ 麥ノ産額ハ其數量ヲ詳ニスル能ハスト雖トモ 島民二千五百餘ノ常食用ニ供給シテ殆ント餘剰ナク 僅カニ百石乃至百五十石ノ輸出ナリ

馬鈴薯ハ島民ノ副食物トシテ用ユルモノニシテ 産額多カラス 林産物ハ實ニ欝陵島ノ價ヲ爲スモノニシテ 樹木ノ重モナル者ハ槻木 白檀、栂、ブナ、タブ、櫁 桑等ナリ

槻木ハ其質頗ル佳良ニシテ 日本ニ多ク其比ヲ見スト云フ 然レトモ其大ニシテ價アルモノハ旣ニ殆ント伐採シ盡シテ 六尺以上壹丈五尺以下ノ者ニシテ現存スルモノ僅カニ百五十株ニ過キス 其內九尺內外ノモノ最モ多シ 而シテ其製材ニ適スルハ又三分ノ一弱ナラン 三尺以上六尺以下ノ者ハ其數少カラサルモ小ナルヲ以テ價廉ナリ 要スルニ槻木ハ今后餘リ見込ナシ

白檀ト稱スルモ 印度地方ニ生長スルモノト其質ヲ異シ 香氣少ク 眞ノ白檀ト稱スルヲ得サル由ニテ 從テ價廉ニシテ 又絶壁ノ上ニ在ルヲ以テ伐採困難ナリ 株數ハ少ナカラサル見込ナリ

栂ハ其數甚タ多ク且ツ大ナリ 然レトモ樹質良好ナラス 木材トシテモ價値ナシ

鰶ハ以前ハ多カリシモ今日ハ切リ盡シテ少ナシ　質ハ上等ナ
リ　其他ハ略ス

第三　輸出入

輸出品ノ重モナルモノハ槻木材ハ別トシテ大豆　麥　胡太　鮑
天草　鰶等ナリ

三十年　三十一年　三十二年ノ三年間ノ平均輸出高ヲ日本相場
ヲ以テ示セハ一年平均

大豆　　二萬圓　　　　　韓人ノ産出スルモノ

胡太　　七百七十圓　　　　〃

麥　　　九百六十圓　　　　〃

鮑　　　二千九百六〇圓　日本人自ラ取リテ持歸ルモノ

天草　　一千二百圓　　　　　　〃

鰶　　　六千圓　　　　　　　　〃

　　　　合計　　三萬〇一百六〇圓

輸入品ハ綾木綿　金巾　綿　其他飲食用品ニシテ　三十一年及
三十二年ノ平均輸入高七千圓内外ナリ

輸入品ハ在嶋日本人カ自用ニ供スル外　韓人ノ大豆　胡太　麥等
ト交換スルナリ

仕出地及仕向地ハ島ハ道洞　日本ハ境、馬関、鶴賀、濱田等ニ
シテ境ハ其七分ヲ占ム

第四　島治

島民戸數五百二十餘　人口二千五百有餘　島監ナル者アリテ島
治ヲ司ル　島監ノ下ニ各村ニ村長ナルモノアリ　村ノ世話役ナリ

島監役場ハ今道洞ト稱スル處ニアリテ 現島監ヲ裴季周ト稱ス
韓廷ヨリ一文ノ俸給ヲ受ケス 又島民其他ヨリ收入少キヲ以テ
貧窮ニシテ無勢力ナリ 加フルニ權力ナキヲ以テ 島民ノ八分ハ
尊敬シテ其命ニ服セス 故ニ治績擧ラス 島民相互ノ間ハ隣保相
親シミ 能ク共同生存ノ秩序ヲ保テリ 裴島監ハ日本ニ三度到リ
タルコトアリテ 稍々日本語ヲ解シ 日本人ノ爲メニハ頗ル便利
ナリト雖トモ 彼レ日本ニ到リ 槻木材ノ日本ニ於ケル價値ヲ知
レル故ニ 常ニ自ラ伐探シテ日本人ノ一人ニ結托シ 利益ヲ專ニ
セントノ考アリ 昨年以來彼レカ韓廷内部ニ向テ 日本人槻木盜
伐云々ヲ報告シ 又ハ島民槻木ヲ視ルコト生命ノ如シナト云ヘ
ルハ 全ク右ノ魂膽ニ出ルモノニシテ 島民ハ槻木ノ價ヲ解セス
山ニ入リテ見ルニ 皆之ヲ薪炭用トシテ伐探シ居レリ 此ノ如キ
ヲ以テ島監ト日本人ノ間ハ感情面白カラス

　　第五 在島日本人
　　在島日本人ハ重モニ島根縣人ナリ 其數ハ年ト時ニ依テ增減
アリ一定セス 現在ノ數ハ百人内外ナリ 在島日本人ノ話ヲ聞ク
ニ 日本人ノ該島ニ初メテ來リタルハ明治二十四年 鱐製造ノ爲
メ七人渡航シ來リタルヲ始メトシ 其後續テ入リタルモ 二十五
年ヨリ二十八年迄ハ明カナラス 二十九年以後二百人内外在島
セリ 重モニ槻木伐採者並ニ其附屬員ナリ 目下在島ノ百人ハ日
本ヨリ元山若シクハ釜山ニ向ツテ 渡航ノ途中天氣ノ都合ニ依
リ寄港シタル者及態々來島シタル者ナルカ 船舶ノ出港免狀及
旅券ハ多ク元山若クハ釜山宛テナリ 彼等ハ道洞ト稱スル村ヲ
中心トシテ集マリ 其他各所ニ散在ス 彼レハ一ツノ組合ヲ作リ

幹事ヲ置キテ 以テ相互ノ秩序ヲ維持ス

　島監裴季周ニハ餘マリ敬服セサル風ナレトモ別ニ亂暴等ヲ爲
シタルコトナシ 殊ニ前幹事片岡吉兵衛ナルモノ及現幹事松本
繁栄ハ能ク裴島監ト折合ヘ居レリ 島民トハ至テ感情宜敷 島民
ハ日本人ニ依リテ多クノ便利ヲ與ヘラレ居ルコトヲ喜ヒ居レリ
島民ノ衣服地タル綾木綿金巾等ハ皆日本人ノ輸入ニ係ル 本國
トノ往來ハ皆日本形風帆船ニ依ル 現在寄港中ノ者 十一艘ヲ見
タリ 平均百石積内外ナリ 港ナク風浪高キヲ以テ往來至テ少シ

　第六 欝陵島ニ対スル將來ノ見込

　前來述ヘタル所ニ依ルニ 海産物ハ見込甚タ少ナク 加フルニ
近頃鮑 天草大ニ其數量ヲ減シタル模様ニテ 在島日本人ノ話ヲ
聞クニ 器械船一艘以上ハ見込ナシトノコト 農産物ハ大豆ヲ除
キテ他ニ見込ナシ 之レトテモ僅カニ年輸出額三千石ニ過キス
尚將來其産額ヲ増加スル見込ナシ 最モ有望ナリト稱スル山林
中 最モ價値アル槻木ハ既ニ六尺以上ノモノハ切盡サレ 現存ス
ルモノハ其數二百ニ滿タス 而カモ其内中心腐敗シテ製材ニ適
セザルモノ少ナカラス 木挽ノ話ヲ聞クニ 大低來年一配ニ切盡
ス見込ナリトノコト

　栂ハ數多ク且ツ大ナレトモ 樹質上等ニアラス 其他ハ價値ア
ルモノトシテ數フルニ足ラス 以上ノ如キヲ以テ欝陵島ハ將來
甚タ有望ナラス 故ニ現在々嶋ノ日本人ヲ立退カシメ 尚且ツ將
來ノ入島ヲ禁スルモ其失フ所ハ實ニ僅少ノ額ニ止マルヘシ 然
レトモ今一年間在嶋日本人問題ヲ未決ニ付シテ差支ナキ方法ア
ラハ 槻木ハ大抵伐リ盡サレン

【국역문】

「울릉도 조사 개황 (欝陵島調査槪況)」

제1. 위치와 지세

울릉도는 부산에서 180마일, 원산에서 180마일, 일본의 오키에서 140마일 떨어진 바다에 고립된 한 섬으로, 둘레가 약 10리[40km]이며 섬 전체가 모두 암석으로 된 수많은 크고 작은 산으로 이루어져 있다. 무수한 깊은 계곡이 그 사이에 있고, 산 정상에서 계곡까지 울창한 수목으로 덮여 있어 매우 장관이다. 연안 일대는 모두 깎아지른 절벽으로 항만도 거의 없어 풍랑 때 선박이 피할 길이 없다. 겨우 도동(道洞)이라고 불리는 곳에 절벽 사이로 아주 좁은 작은 항구가 하나 있다. 적재량이 200석(石) 이하인 일본 풍범선이 여기 와서 정박한다 해도 풍랑을 견디기 어려우므로 모두 선박을 육지에 대피시켜 둔다. 따라서 증기선의 경우 잔잔한 파도가 아닌 한 이 섬에 가는 것은 매우 위험하다. 이런 상태이므로 원산, 부산, 또는 일본의 시모노세키 등지가 이 섬에 가장 근접한 곳이지만 선박의 왕래가 적어 이른바 절해의 고도이다. 육상의 교통도 또한 많은 산과 계곡을 오르내려야 하므로 도로라고 부를만한 것이 거의 없어 한 마을에서 다른 마을로 가려면 매우 곤란하다.

제2. 산물

해산물로는 미역, 우뭇가사리, 전복 등이 있지만, 산출량은 별로 많지 않다. 어업은 해저가 깊고 또 암석이 많으므로 전혀 가망이 없다.

농산물로는 콩, 보리, 감자 등이 있다. 그러나 온 섬이 산지로 이루어져 전혀 평지가 없으므로 섬사람들은 산 중턱에 밭을 일궈 종자를 심는다. 밭의 면적은 별로 넓지 않아도 이미 모두 개간해버린 탓에 한 치의 남은 땅도 없는 듯하다. 콩 산출량은 연평균 약 5,000석인데 그중 3,000석 정도는 주로 일본에 수출한다. 그 가격은 일본 시세로 평균 2만 엔(円) 정도이다. 보리는 산출량을 자세히 알기 어려우나 도민 약 2,500여 명의 주식용으로 공급하고 남는 것도 거의 없어, 겨우 100석에서 150석을 수출한다.

감자는 섬사람들의 부식으로 쓰이는 것으로 생산량이 많지는 않다. 임산물은 실로 울릉도를 가치 있게 하는 것으로 중요한 수목으로는 규목, 백단, 솔송나무, 너도밤나무, 후박나무, 감탕나무, 뽕나무 등이 있다.

규목은 질이 매우 좋아 일본에서는 유사한 것을 보기 힘들지만 크고 값나가는 것은 이미 거의 벌채되어 6척(尺) 이상 1장(丈) 5척 이하의 것으로 현재 남아있는 것은 겨우 150그루 정도밖에 되지 않는다. 그중 9척 안팎의 것이 가장 많다. 따라서 목재로 만들기에 적합한 것은 그중 3분의 1이 안 된다. 3척 이상 6척 이하의 것은 그 수가 적지 않으나 작으므로 가격이 싸다. 요컨대 규목은 앞으로 별로 전망이 없다.

백단이라고 불리는 것도 인도 지방에서 자라는 것과는 질이 달라, 향도 적어 진짜 백단이라고 하기는 어렵다고 한다. 가격이 싼 데다 절벽 위에 있으므로 벌채가 곤란하다. 수량은 적지 않아 보인다. 솔송나무는 그 수가 매우 많고 크지만, 나무의 질이 좋지 않아 목재로서의 가치는 없다. 감탕나무는 이전에는

많았지만, 지금은 모두 벌채해버려서 수량이 적다. 재질은 상
등급이다. 기타는 생략한다.

제3. 수출입

중요한 수출품은 규목의 목재와 함께 콩, 보리, 호태(胡太, 완
두?), 전복, 우뭇가사리, 감탕나무 등이다.

1897년에서 1899년까지, 3년간의 평균 수출액을 일본 시세
로 제시하면 일 년 평균으로

대두	20,000엔	한국인이 산출한 것
호태(胡太)	770엔	한국인이 산출한 것
보리	960엔	한국인이 산출한 것
전복	2,960엔	일본인이 직접 채취하여 가지고 간 것
우뭇가사리	1,200엔	일본인이 직접 채취하여 가지고 간 것
감탕나무	6,000엔	일본인이 직접 채취하여 가지고 간 것
합계	30,160엔	

수입품은 능목면(綾木綿)과 옥양목, 면, 기타 식료품으로
1898년 및 1899년의 평균 수입액은 7,000엔 안팎이다.

수입품은 섬에 있는 일본인이 사용하거나, 한국인의 콩, 호
태, 보리 등과 교환한다.

출하지 및 목적지는 울릉도의 도동, 일본은 사카이(境), 시모
노세키, 쓰루가(敦賀), 하마다(濱田) 등이며, 그중 시카이가
70%를 차지한다.

제4. 도치(島治)

섬의 주민은 호수가 520여 가구, 인구 2,500여 명. 도감(島監)이라는 자가 있어 섬을 다스린다. 도감 밑으로 각 촌에 촌장이 있어 마을의 관리를 담당한다. 도감의 관청은 현재 도동이라는 곳에 있으며, 지금의 도감은 배계주(裵季周)라고 한다. 한국 조정으로부터는 한 푼의 봉급도 받지 않고 섬사람들이나 다른 곳에서의 수입이 적기 때문에 가난하고 세력도 없다. 게다가 권력도 없으므로 섬사람들의 80%가 존경하지도 명령을 따르지도 않아 치적을 올리지 못하고 있다. 섬사람들은 서로 이웃 간에 친근하며 공동 생존의 질서를 잘 지킨다. 배 도감은 일본으로 세 차례 건너간 일이 있어 일본어를 조금은 이해한다. 일본인을 위해서는 매우 편리하지만, 그가 일본에 왔었기 때문에 일본에서의 규목 목재 가치를 잘 알아 항상 직접 벌채한 후 일본인 한 사람과 결탁하여 이익을 독점하려는 생각을 지니고 있다. 작년 이후 그가 한국 조정에 일본인 규목 도벌에 관해서 보고하거나, 섬사람들이 규목을 목숨처럼 여긴다고 하는 것 등은 모두 이런 배짱에서 나온 말이다. 섬사람들은 규목의 가치도 모르며, 산에 들어가 보면 모두 이를 땔감용으로 벌목하고 있다. 이런 이유로 도감과 일본인 사이의 감정은 좋지 않다.

제5. 울릉도의 일본인

울릉도에 있는 일본인은 주로 시마네(島根)현 사람이다. 그 수는 연도와 때에 따라 증감이 있어 일정하지 않다. 현재의 수는 100명 안팎이다.

섬에 있는 일본인의 말을 들으면 일본인이 처음으로 이 섬에

온 것은 1891년으로 끈끈이를 만들기 위해 7명이 도항한 것이 시초라고 한다. 그 후 계속해서 왔으나 1892년부터 1895년까지는 확실하지 않고, 1899년 이후 200명 정도가 섬에 있었다. 주로 규목 벌채자 및 그 부하들이었다. 현재 섬에 있는 100명은 일본에서 원산 또는 부산을 향해 도항하던 도중에 날씨 때문에 기항(寄港)한 사람 또는 여러 가지 이유로 섬에 온 사람들인데, 선박의 출항면장 및 여권에는 대부분 원산 또는 부산이 목적지로 적혀 있다. 그들은 도동이라는 마을을 중심으로 모여 있고 그 외 각지에 흩어져있다. 그들은 하나의 조합을 만들어 간사를 두고 서로 질서를 유지하고 있다.

도감 배계주를 그다지 존경하지도 복종하지도 않는 듯하나, 특별히 난폭하게 구는 일도 없다. 특히 전 간사인 가타오카 기치베(片岡吉兵衛)라는 사람과 현 간사인 마쓰모토 시게히데(松本繁榮)는 배도감과 잘 지낸다. 섬사람들과는 매우 감정이 좋다. 섬사람들은 일본인이 많은 편의를 제공해 주는 것에 대해 기쁘게 여긴다. 섬사람들의 옷감인 능목면과 옥양목, 면 등은 모두 일본인이 수입한 것에 의존하고 있다. 본국과의 왕래는 모두 일본식 풍범선에 의존하는데 현재 기항 중인 배 11척을 보았다. 평균적으로 적재량이 100석가량인 것이다. 항구도 없으며 풍랑이 높아 왕래가 매우 드물다.

제6. 울릉도에 대한 장래의 전망

앞에서 기술한 것처럼 해산물은 전망이 좋지 않다. 최근에 전복과 우뭇가사리가 크게 수량이 감소한 모양이지만, 일본인의 말에 따르면, [잠수]기계선 1척 이상은 전망이 없다고 한다.

농산물은 콩을 제외하고는 다른 것은 전망이 없다. 이것도 겨우 1년 수출액 3000석에 불과하며 앞으로도 그 산출량이 증가할 가망은 없다. 가장 유망한 것으로 보이는 산림 중에서도 가장 가치가 있는 규목은 이미 6척 이상의 것은 다 베어내고 현존하는 것은 200그루가 채 안 된다. 더구나 그 중 속이 썩어 목재로 만들기 적합하지 않은 것이 적지 않다. 벌목꾼의 말에 따르면 아마 내년 안으로 모두 베어질 것이라고 한다.

솔송나무는 수도 많고 크지만, 나무의 질이 상등이 아니며 그 외의 것은 가치 있는 것으로 보기 어렵다. 이상과 같이 울릉도는 앞으로 그리 유망하지 못하다. 그러므로 현재 섬에 있는 일본인을 철수시키고, 앞으로 입도를 금지하더라도 손실이 크지 않을 것이다. 그러나 올 한 해 동안 이 섬의 일본인 문제를 미결에 부쳐 지장 없게 할 방법이 있다면 규목은 대체로 모두 베어질 것이다.

【해제】

울릉도에 침입한 일본인의 도벌이나 섬사람들에 대한 악행을 울릉도 도감 배계주(裵季周)가 한국 정부에 고발함에 따라, 1900년에 한일 양국 정부의 합동 진상조사가 울릉도에서 행해졌다. 당시, 일본 측 조사단장인 부산 영사관보 아카쓰카 쇼스케(赤塚正助)는 합동 조사 이외에도 일본 정부의 특명을 받아, 섬사람들과 일본인의 교류 상황, 서로의 감정 및 기타 제반 사항으로서 산림조사, 수출입 통계조사, 침입한 일본인의 본적과

도항 이력, 소유 선박 및 본 자료에 기록된 울릉도의 실상을 조
사했다. 본 자료는 일본 정부 최초의 울릉도 조사기록으로, 당
시 울릉도의 실상, 특히 일본인의 행태를 아는데 귀중한 문헌
이다. 본 자료는 일본 외교사료관에 소장된 원본(외무성 기록
3532) 이외에 구 재한일본공사관의 복사본이 국사편찬위원회
에 소장되어 있다. 내용은 양쪽 모두 거의 같지만, 국사편찬위
원회에 소장된 부속 지도에만 정석포(亭石浦)와 도목(島牧) 사
이의 바닷속에 일본인이 명명(命名)한 「관음곶(観音崎)」이라는
문자가 있다. 여기에서는 일본 외교사료관에 소장된 부속 지도
를 사용했다. 한편, 번각문(翻刻文)은 국사편찬위원회가 작성
한 것(국사편찬위원회, 『駐韓日本公使館記錄』14권, 1995)을 사
용했지만, 명백한 오기는 외교사료관 본에 따라서 정정했다.

7. 아카쓰카 쇼스케(赤塚正助), 「수출세의 건」, 『울릉도 벌목 관계 잡건』(외무성자료 3532)

【翻刻文】

「輸出税ノ件」

　輸出品ニ対シテハ前島監 呉相鎰ト在島日本人トノ間ニ別紙ノ如キ条約文アリテ 輸出額ノ二分ヲ大豆ヲ以テ輸出毎ニ輸出税トシテ島監ニ納メ 現島監 裵季周モ今日迄此条約ニ依テ徴税シ居レリ 課税物品ニハ制限ナキモ槻木材ヲ含ムヤ否ヤ明瞭ナラズ 納税ニ対スル 呉島監ヨリノ領収書ハ散逸シテ僅カニ別紙一葉ヲ得 又黄島監ヨリ日本人濱口ニ対シテ滞納ヲ督促シタル文書一枚ヲ得タリ 現島監裵季周ハ之ニ対シテ領収書ヲ發スルハ穩當ナラス 又政府ニ露顕しめ論責セラルヽ恐アリト云フテ未タ一枚モ發シタルコトナキヲ以テ在島日本人ハ総代ヲ以テ今後領収書引換ニアラサレバ 大豆ヲ渡サストテ 裵島監ニ向テ掛合中ナリ

　輸出ノ際ニハ島監ノ方ヨリ二人ヲ派シテ立会ハシムル例ナリ 裵島監ハ小官等ノ納税ノ事実アリヤ否ヤノ問ニ対シテ初メハ取リタルコトナシト云ヒ 後ニハ二年間口銭トシテ取リタリト云ヒ 最後ニハ遂ニ是迄年々口銭トシテ受取來リタル旨ヲ立會取調ノ際ニ白状セリ 聞取書ニハ裵島監昨年及一昨年ノ二年間受取リタリトアレトモ 島監ハ日本語ヲ以テ是迄引続キ受取リタルコトヲ小官ニ白状セリ

輸入ニ対シテハ納税シタルコトナシ

約条文
一 欝陵島々監 日商向
　　　　約条如左
　　　　盟約 (印)
一 本島貿易 大豆太(日本 韓国)百分二従
　　日商納税以許之
右條約依各自交換之事
　　日本明治三十二年旧四月一日
　　韓国暦光武三年四月初一日
大韓国欝陵島々監 呉相鎰
大日本国商人
　　片岡吉兵衛 脇田庄太郎 古木新作 畑本吉蔵
　　外二十名
佐々木初太郎 濱岡侏五郎 吉村伊三七 天野源蔵 島田爲太郎
神田健吉 宇野友太郎 安部典市 由波乙次郎 安達新右衛門 汲榮
爲次郎 古木竹松 吾妻吉太郎 元角恭造 三村新兵衛 石井和三郎
乙賀賈次 松本弁次郎 門萬太郎 中村庄六

【국역문】

　수출품에 대해서는 전 도감 오상일[呉相鎰, 오성일의 오기]과 섬에 있는 일본인 사이에 별지와 같은 조약문이 있어 수출액의 2푼(分)을 대두로 수출할 때마다 수출세 명목으로 도감에게 납부하고 현 도감 배계주(裵季周)도 오늘날까지 이 조약에 따라 징세하고 있다. 과세 품목에는 제한이 없지만, 규목재(槻木材)가 포함된 것인지는 명백하지 않다. 납세에 대한 오도감의 영수증은 사라지고 없고, 겨우 별지 1장을 얻었다. 또 황(黃)도감이 일본인 하마구치(濱口)에게 체납(滯納)을 독촉한 문서 1장을 얻었다. 현 도감 배계주는 이와 관련해서 영수증 발행은 마땅하지 않으며 정부에 노출되어 힐책당할 우려가 있다고 하여 아직 1장도 발행한 일이 없다. 이에 섬에 있는 일본인은 총대(總代)를 통해, 향후 영수증과 교환하지 않으면 대두를 넘기지 않겠다고 배도감과 교섭 중이다.

수출할 때는 도감 쪽에서 두 사람을 보내어 입회시킨다. 배도감은 소관(小官) 등이 납세의 사실 여부를 묻자, 처음에는 받은 일이 없다고 말하다가 나중에는 2년간 구전(口錢)으로 받았다고 말했고, 마지막에는 지금까지 매년 구전으로 받아 왔다는 뜻을 입회 조사 때 고백하였다. 조사서에는 배 도감이 작년과 재작년 2년간 받았다고 되어 있으나, 도감은 일본말로 지금까지 계속해서 받아왔다고 소관에게 고백하였다.

수입에 대해서는 납세한 일이 없다.

약조문
1 울릉도 도감, 일상(日商)에게
　　　약조 아래와 같음
　　　맹약 (인)

1 이 섬의 무역, 대두태(大豆太)(일본 한국)100분의 2 종(從)
   일상이 납세함으로써 허락한다.
위 조약에 의하여 각자 교환함
   일본력 메이지(明治) 32년 음력 4월 1일
한국력 광무 3년 4월 1일
대한국 울릉도 도감 오상일

대일본국 상인
　　　　　가타오카 기치베(片岡吉兵衛)
　　　　　와키타 쇼타로(脇田庄太郎)
　　　　　후루키 신사쿠 (古木新作)
　　　　　하타모토 기치조(畑本吉藏)
　　　　　외 20명
　　　　　사사키 하쓰타로(佐々木初太郎)
　　　　　하마오카 마치고로(濱岡侏五郎)
　　　　　요시무라 이소시치(吉村伊三七)
　　　　　아마노 겐조(天野源藏)
　　　　　시마다 다메타로(島田爲太郎)
　　　　　간다 겐기치(神田健吉)
　　　　　우노 도모타로(宇野友太郎)
　　　　　아베 노리이치(安部典市)
　　　　　유나미 오토지로(由波乙次郎)
　　　　　아다치 신에몬(安達新右衛門)
　　　　　구미사카 다메지로(汲榮爲次郎)
　　　　　후루키 다케마쓰(古木竹松)

아즈마 기치타로(吾妻吉太郎)

모토즈미 교조(元角恭造)

미무라 신베(三村新兵衛)

이시이 가즈사부로(石井和三郎)

오토가 가지(乙賀賈次)

마쓰모토 벤지로(松本弁次郎)

가도 만타로(門萬太郎)

나카무라 쇼로쿠(中村庄六)

【해제】

1900년, 앞의 「울릉도 조사 개황」 해제에서 기술한 것처럼 울릉도에서 한일 양국 정부의 합동 조사가 이루어졌다. 그리고 그와 함께 일본인의 벌목 실태와 수출세 등에 대한 조사도 이루어졌다. 조사에 따르면, 목재는 명확하지 않지만, 그 이외의 모든 물건을 일본에 수출할 때는, 가액의 2/100에 상당하는 금액을 대두로 납부하는 계약이 도감(島監)과 24명의 일본인 상인 간에 체결되어 있었다. 그 안에는 독도에서의 생산품도 포함되어 있었을 것이다. 당시, 울릉도를 기지로 하여 독도에서 상어잡이와 전복 채취 등이 이루어지고 있었는데, 이러한 수산물을 일본에 수출할 때 수출 세금이 부과되었을 가능성도 있다. 독도에서의 생산품에 대해 도감(島監)이 어떻게 취급하고 있었는지는 독도에 대한 통치상황과 관련이 있으므로, 수출세의 경위를 보여주는 본 자료는 중요하다고 할 수 있다. 한편 정부 입장에서 보면 일본인이 울릉도에 거주하는 것 자체가 불법이었으므로 일본인에 대한 과세는 있어서는 안 되는 것이었다. 그러나 도감(島監)은 섬의 재정수입을 보충하기 위해 일본인 상인과 계약하고 수출세를 징수한 것이다.

8. 구즈우 슈스케(葛生修亮), 「한국 연해 사정(韓國沿海事情)」『흑룡(黑龍)』 제1권 제2호, 1901년

【翻刻文】

「韓國沿海事情」

・・・[途中省略]

鬱陵島(春川府直轄) 平海郡、越松浦の南[東の誤りか]微北に當り、四十余里の海中にある孤島にして、別名之れを武陵又た羽陵とも書す、則ち古の于山國にして本邦人は松島と呼ぶ、世人の本島は大小六箇の島嶼、若くは竹島、松島の二島より成れりと爲し、或は地圖に之れを記入しあるは往々見る所なれとも、是れ等は何れも誤りなるが如し、

本島は、素と金剛山脈の一支流れて東海に入り、峙立して其頭を顯はしたるものにして、面積約七十五方哩、中央に一の山岳聳ふるものあり、其高さ四千呎、嶄巖突兀四周に之れを擁して、遠く望めば青螺の浮出したるに髣髴たり、又た、船舶を碇泊するの良港無く、商船漁舶の碇泊困難にして、風濤少しく荒るゝときは、島の北面に位する海濱の平地に船を曳き揚くるを常とすと云ふ、

全島平地殆んと之れ無しと雖、此島の地質は古來落葉枯草の堆積腐化したるものより成れる、所謂黒土の一種にして土地膏沃殆んと肥料を要せず、只稀れに燼灰等を以て耕覆することあるのみ、農産の主なるものは大豆、大麥、小麥等にして殊に大豆は粒大に質宜しく、直接に本邦に輸出せらるゝ産額年々四五百

石に及ぶと云ふ、林産には欅、桐、松、白檀等あり、就中欅は徑六尺の大材を出し、桐は本邦にて松島桐と稱し唐木細工中の珍重する所、白檀は以て香料に供すべく、何れも巨大のものを産し、往時は此の種の樹木全島に欝茂して殆んと無盡藏の觀ありしも、近歳に至りて本邦人の熾んに之れを輸出したりし爲め、其濫伐の結果瀬年減少に赴けり、此他山葡萄の類亦た些なからず、海産は魚類及び鮑、海鼠の類に乏しからざれども、近海の水何れも百尋乃至百五六十尋の深きに失するが故に本邦鱶縄船の春季徃來するものあるの外、魚産は未た盛んならず、唯沿岸の淺處に採取する石花菜は種類良好其産殊に大なり、又た秋季山鷚の類非常に多く、島民は之れを撲殺し、肉は乾燥貯藏して年中の副食物となし、脂肪は溶解して燈油に供すと云ふ、想ふに世人の稱して信天翁の棲息夥しとなすは此鳥の訛傳ならん、其天産の豊饒なること蓋し韓國中他に比類なしと云ふべし、

島中一泉あり清水多量に湧出す、聞く此水は少しく酸味を帯び島民之れを藥泉と稱し、疾病の際、用て藥餌に代へ効驗見るべきものありと、察するに之れ本邦神戸邊に産する平野水、紀州の金山水等と同種なる炭酸泉にあらざるなきか

本島は徃時所謂倭寇の一時據て以て根據としたることあり其他我邦とは殊に密接の關係を有し、貝原益軒の如きは斷じて之れを我邦の所屬なりと論じたることありたれども、久しく其所屬を模稜の裏に徑過したりが、明治十五六年の頃、本邦人某工人を派して伐木に從事したるに、韓廷抗議する所あり、我邦之れに讓りて其所屬始めて一定するに至れり、明治二十三年に至りて、韓廷金玉均を以て東南諸島開拓使兼捕鯨使に任じ、白春

培を以て從事官となし、該島の開拓事務を辨理せしめたりしが、翌年京城の變ありて果さず、其後島民徐敬秀を以て越松萬戸に差定し、住民の繁殖を計り、外国人の樹木伐採を防禁せしめたりしも、本邦人は依然として前狀を維持し、唯貨物賣却の時、口錢百分の二を官に納れ、木材には船一隻に百兩(我二十圓)を納れ以て公然の密貿易を爲せり、次て明治三十一年の頃,該島の伐木植林の權利露人の手に委すること〻なるや、露人は直ちに韓廷に照會して外國人(則ち日本人)の本島の木材を盗伐し、及び島内に居住するを禁ぜんことを迫り、外部は更らに之れを我が公使に照會し、我公使は一時本島に在りたる本邦人に退去を命じたることありしも、其後邦人をして急に同島を撤退せしむるは事情の能はざるものあるに依り之れを韓廷に復牒したりと云ふ

本島は、徃時は住民極めて稀少なりしも、近世に至りて商賈及び農夫漁夫等の臻り住するもの相踵ぎ、本邦人亦た此間に雜居し、韓人の戸數約四五百に達し、本邦人は兩三年以前迄は其數殆んと三百人に達したりしが一時本邦政府より退去の命令ありてより減少して今は百四五十人の居住に過ぎずと云ふ、是れ等の本邦人は槪ね鳥取縣下より直接渡航したるものにして樹木の伐採及び大豆、石花菜等の密輸出を以て營業とし純然たる日本村を成し、中には酒、煙草、紙、油其他日用の雜貨店あり、二三の料理店を開き酌婦の來り住するもの亦た之れありと云ふ

欝陵島より東南の方三十里、我が隱岐國を西北に距る殆と同里數の海上に於て、無人の一島あり、晴天の際山峯の高處より之れを望むを得べし、韓人及本邦漁人は之れをヤンコと呼び、長さ殆んと十余町、沿岸屈曲極めて多く、漁船を泊し風浪を避

くるに宜し、然れども薪及飲料水を得るは甚た困難にして、地上數尺の間は之れを穿てども容易に水を得ずと云ふ、此島には海馬非常に棲息し、近海には鮑、海鼠、石花菜等に富み、數年以前山口縣潛水器船の望を屬して出漁したるものありしが、潛水の際、無數の海馬の爲めに妨げられたると、飲料水の欠乏との爲めに充分營業することを得ずして還りたりと云ふ、察するに當時の季節は恰も五六月にして、海馬の産期に當りしを以て、殊に其妨害を受けたるものならんか、又た附近に鰶漁の好網代あり、數年以來五六月の候に至れば大分縣鰶縄船の出漁するものあり、昨年春季同處より歸航したる漁夫に就て之れを聞くに、出漁未だ二三回に過ぎざるが故に、充分の效果を得たりと云ふべからずと雖も、毎季相應の漁獲あり、從來の經驗上其網代の狀態及び鰶類の棲息多さとより觀察するに、必ずや良好の漁塲たるを疑はずと、蓋し當業者の爲めには尚ほ充分探撿の價値あるべきを信するなり(其要領は會報第一集に載せたり参照せよ)

【국역문】

「한국 연해 사정(韓國沿海事情)」
···[중간 생략]

울릉도(춘천부 직할) 평해군(平海郡), 월송포(越松浦)의 남남북[동남의 오류?]쪽에 해당하며, 40여 리의 바닷속에 있는 외로운 섬(孤島)으로, 다른 이름으로는 이를 무릉, 또는 우릉이라고도 쓴다. 즉 옛날의 우산국이며 일본인은 송도라고 부른다. 세상 사람들이 이 섬을 크고 작은 6개의 도서(島嶼), 또는 죽도·송도 두 섬으로 이루어진다고 하고, 혹은 지도에 이것을 기재한 것을 종종 보는데, 이들은 모두 오류인 것 같다.

이 섬은 원래 금강산맥의 한 지맥이 흘러 동해에 들어가, 고개를 세워 그 머리를 드러낸 것으로, 면적이 약 75제곱마일, 중앙에 산악이 하나 우뚝 솟은 것이 있고, 그 높이는 4,000피트, 바위가 가파르고 험하게 돌출되어 사방을 이루고 있으며, 멀리서 바라보면 푸른색 고둥이 떠 있는 모습을 방불케 한다. 또한, 선박을 정박할 마땅한 항구가 없어서 상선·어선의 정박이 곤란하며, 풍랑이 조금 거칠 때는 섬의 북쪽에 있는 해안가의 평지에 배를 끌어 올리는 것이 늘 있는 일이라고 한다.

섬 전체는 평지가 거의 없지만, 이 섬의 토질은 예로부터 낙엽·마른풀이 퇴적되어 썩은 것으로 이루어진 소위 흑토(黑土)의 일종으로, 토지는 비옥하고 거의 비료가 필요 없다. 단, 드물게 화전을 하여 밭을 갈아두는 정도이다. 주된 농산품은 콩, 보리, 밀 등이며, 특히 콩은 입자가 굵고, 품질이 좋아 직접 일본에 수출하는 산출액이 해마다 400~500석에 이른다고 한다. 임산물로는 느티나무, 오동나무, 소나무, 백단 등이 있다. 그중에서도 느티나무는 직경 6척의 큰 목재가 산출되며, 오동나무는 우리나라[일본]에서 송도 오동나무라 불리는 등, 목재 세공에서 귀하게 여기는 곳이고, 백단은 향료로 제공된다. 모두 거대한 것이 산출되며, 과거에는 이러한 종류의 수목이 섬 전체에 울창하여 거의 무진장으로 널린 모습이었지만, 최근에 와서는 일본인이 활발히 이를 수출한 탓에, 그 남벌 결과 나날이 감소 추세에 있다. 이밖에 머루의 종류도 또한 적지 않다. 해산물은 어류와 전복, 해삼의 종류가 부족하지 않지만, 근해의 바닷물이 모두 100길에서 150~160길의 깊이에 이르러, 일본의 상어 쌍끌이 어선이 봄에 왕래하는 것 외에 어업생산은 아직 활발하지 않다. 단지 연안의 얕은 곳에서 채취하는 우뭇가사리는 종류가 양호하고, 산출량도 특히 많다. 또한 가을에는 멧도요 새의 종류가 매우 많아, 섬사람들은 이것을 때려잡아, 고기는 건조 저장하여 일 년 내내 부식물(副食物)로 삼고, 지방은 녹여 등유로 사용한다고 한다. 생각건대 세상 사람들이 신천옹(信天翁)의 서식지라고 부르는 것은, 이 새가 잘못 전달된 것으로 보인다. 그 자연 산물이 풍요한 것은, 바로 한국 내에서 달리 유례가 없다고 해야 할 것이다.

섬 안에 하나의 샘이 있다. 맑은 물이 다량 솟아 나온다. 듣기로 이 물은 약간 신맛이 있으며, 섬사람들은 이것을 약샘이라고 부르고, 질병이 있을 때 약으로 대용하여 효험을 본 사람이 있다고 한다. 짐작건대, 이것은 일본 고베 근처에서 나는 히라노 수(平野水), 기슈[紀州, 와카야마 현]의 가나야마 수(金山水) 등과 같은 종류의 탄산 샘이 아닐까 한다.

이 섬은 왕년에 이른바 왜구가 한때 근거지로 삼은 적이 있다. 그 밖에도 우리나라(일본)와는 특히 밀접한 관계가 있어, 가이바라 에키켄(貝原益軒)[2]과 같은 사람은 단호하게 이것을

---

2) 가이바라 에키켄(かいばら えきけん·貝原益軒(1630-1714)): 에도(江戶)시대의 본초학자, 유학자. 유교에 경험적 합리주의를 도입함. 메이지(明治) 시대에 서양의 생물학과 농학 분야가 소개되기 전까지 일본 최고의 생물학자·농학자이기도 함. 교육·역사·경제 방면에도 업적이 많음.

일본 소속이라고 주장하기도 했다. 하지만 오랫동안 그 소속이 애매한 채로 지났으며, 1882~1883년경, 일본인 아무개가 인부를 보내어 벌목에 착수하자, 한국 조정의 항의를 받아 일본이 이를 양보해 그 소속이 비로소 정해졌다. 1890년[1883년의 오류]에 이르러, 한국 조정은 김옥균(金玉均)을 동남제도(東南諸島) 개척사(開拓使) 겸 포경사(捕鯨使)로 임명하고 백춘배(白春培)를 종사관으로 하여, 이 섬의 개척 업무를 담당시켰지만, 이듬해 일어난 경성(京城)의 변[갑신정변]으로 완수하지 못하고, 그 후 섬사람인 서경수(徐敬秀)를 월송만호(越松萬戶)에 임명하여 주민의 이주와 번창을 도모하고, 외국인의 수목 벌채를 금지했지만, 일본인은 여전히 이전의 행태를 거듭하면서 다만 화물 매각 시에 중개료(口錢) 2/100를 관(官)에 납부하고, 목재는 배 한 척에 100량(일본의 20엔)을 내고 공공연한 밀무역을 했다. 잇따라 1898년경, 이 섬의 벌목과 식목 권리를 러시아인의 손에 맡기게 되자, 러시아인은 즉시 한국 조정에 조회해 외국인(즉 일본인)이 이 섬에서 목재를 도벌하는 것과 섬에 거주하는 것을 금지하도록 요구하고, 또 밖으로는 이를 일본 공사(公使)에게도 조회하여 일본 공사가 한때 이 섬에 있는 일본인에게 퇴거를 명령했던 적이 있었다. 하지만, 그 후, 일본인을 갑자기 이 섬에서 철수시키는 것은 사정이 여의찮은 것이 있었으므로 이를 한국 조정에 다시 통첩했다고 한다.

이 섬은 주민들이 왕년에는 극히 적었지만, 근세에 이르러 상인과 농부·어부 등이 모여서 사는 사람이 잇따르고, 일본인도 이들 사이에 섞여서 살았는데, 한국인의 가구 수는 약 400~500에 달하고, 일본인은 2, 3년 전까지는 그 수가 거의

300명에 달했으나, 한때 일본 정부의 퇴거 명령이 있었기 때문에 감소하여 지금은 140~150명 만이 거주하고 있다고 한다. 이들 일본인은 대체로 돗토리현에서 직접 도항한 사람으로, 나무의 벌채 및 콩·우뭇가사리 등의 밀수출을 영위하면서 순전한 일본 마을을 이루고, 그중에는 술, 담배, 종이, 기름, 기타 일용품을 파는 잡화상점도 있으며, 누세 곳 요리섬도 있는데, 그곳의 작부(酌婦)로 건너와서 사는 사람도 있다고 한다.

울릉도에서 동남쪽으로 30리, 일본 오키 지방에서 서북쪽으로 거의 같은 거리에 있는 바다에 무인의 한 섬이 있다. 맑은 날씨일 때, 산봉우리의 높은 곳에서 이것을 바라볼 수 있다. 한국인 및 일본의 어민들은 이를 양코(ﾔﾝｺ)라고 부르며, 길이는 거의 십여 정(町), 연안은 굴곡이 극히 심한데, 어선을 정박하여 풍랑을 피하기에 좋다. 그러나 땔감이나 음료수를 얻는 것은 심히 곤란하고, 지상 몇 척 간은 뚫어도 쉽게 물을 얻을 수 없다고 한다. 이 섬에는 해마[바다코끼리]가 상당히 많이 서식하고, 근해에는 전복, 해삼, 우뭇가사리 등이 풍부하다. 몇 년 전, 야마구치현에서 잠수기 선박에 희망을 걸고 출어한 사람이 있었는데, 잠수했을 때 무수한 해마가 방해하고, 또 식수 부족으로 충분한 영업을 할 수 없어 돌아갔다고 한다.

짐작건대 당시의 계절은 마침 5, 6월로, 해마의 출산 시기에 해당했기 때문에, 특히 그 방해를 받은 것이 아닐까 한다. 또한 근처에 상어잡이에 좋은 어장이 있다. 몇 년간, 5, 6월의 계절이 되면 오이타현의 상어 쌍끌이 선박으로 출어하는 사람이 있다. 작년 봄, 같은 곳에서 귀항한 어부에게 들으니, 출어는 아직 두세 차례에 불과했기 때문에 충분한 효과를 얻었다고 말할 수는 없지만, 분기마다 상응한 어획량이 있어 종래의 경험상, 어장의 상태 및 상어류의 서식이 많은 것을 참고한다면, 반드시 좋은 어장이 될 것이라고 믿는다고 한다. 생각건대, 그 업자를 위해서는 여전히 충분히 탐구할 가치가 있다고 믿는다. (그 요령은 회보 제1집에 게재했으므로 참조 바람)

【해제】

이 자료를 통해 한일 어민이 울릉도 동남쪽에 있는 독도를 양코섬이라고 부르고 있었던 점과 1899년경부터 일본 어민이 독도 근해와 연안에서 상어잡이, 전복 채취 등을 하고 있었다는 점이 밝혀졌다. 이러한 어업은 울릉도를 기지로 하여 이루어졌다. 이 자료는 1900년 칙령 제41호 이전의 독도 어업에 관해 알려주는 중요한 문헌이다. 저자인 구즈우 쇼스케는 1899년 2월부터 조선팔도를 돌아다니다가, 6월에 부산에서 조선어업협회에 들어간 후, 동 협회의 순찰 선박에 탑승하여 조선 연해의 지리와 어업에 관한 조사·시찰에 종사했다. 같은 해 10월 구즈우는 일본으로 돌아와 이 논문을 집필하고, 1901년 3~6월 「흑룡회」 회보에 발표했다. 또 구즈우는 거의 같은 내용을, 1903년 1월에 발간한 『한해통어지침(韓海通漁指針)』에도 수록했다.

9. 「일본해 안의 한 도서(양코)」, 『지학잡지(地學雜誌)』 제149호, 1901년.

【翻刻文】

「日本海中の一島嶼(ヤンコ)」

　去る四月中旬　東京發行の各新聞紙は日本海中に一島嶼を發見せることを報せり、其いふ所に從へは　韓國欝陵島を東南に去ること三十里　我日本國隱岐を西北に距ること殆と同里數の海上に末た世人に知られさる一島嶼を發見せり、該島は末た本邦の海圖には載らす　イキリスの海圖にも亦之を記せされとも其島の存在は確實にして、現に欝陵島にありし日本人は晴天の日山の高所より東南を望みたるに遙に島影を認めたりといへり、今此の島發見の歷史を聞くに一兩年前九州邊の一潛水器船が魚族を追ふて遠く海中に出てたるに、見慣れさる所に一島嶼の存在せることを發見し喜んで之を根據地と定め其四隣の海中を漁り回りたるに、此の邊魚族の棲息せるもの頗る多かりしも海馬数百群を爲して潛水器船を阻みたれば終に目的を終へすして引還したりといふ、此の船中にありし潛水業者の實見したる所なりとて報する所によれは其島は長さ三十町に近く丘陵甚た高からされとも處々に蓁莽蕪穢、島形又極めて屈曲に富み漁船を泊し風浪を避くるに最も便あり、只地上より數尺の間は之を鑽るも水を得ず　從て現今の所にては水産物製造場としての價値は乏しといふべし、故に學者實業家は猶充分なる探檢を施すの餘地を留む、日韓漁民之を指してヤンコと呼へりといふ

以上の記事に據るに其位置固より確實ならず、想ふに此の島は未だ海圖に示されすといふも其記事及ぴ稱呼より之を察せば恰 Liancourt(リアンコート) rocks(ロック) に符合せり、或は之を指すに非ずやと疑はる丶も尚其精確なる斷定は精細なる報告を得たる後に非れは下す能はず、且らく參照の爲めに左に朝鮮水路誌第二版(明治三十二年水路部刊行)二六三頁よりリアンコート島に關する記事を抄錄せん

リアンコールト列岩

此列岩は洋紀一八四九年 佛國船「Liancourt」初て發見し稱呼を其船名に取る 其後一八五四年 露國「フレガット」形艦「Pallas」は此列岩を「Menalai」及「Olivutsa」列岩と名つけ 一八五五年英艦「Hornet」は此の列岩を探撿して「ホル子ット」列島と名つけり 該艦長「Forsyth」の言に據れば 此列岩は北緯三七度一四分東經一三一度五五分の處に位する二座の不毛嶼にして 鳥糞常に嶼上に堆積し 嶼色爲めに白し 而して北西イ西 至南東イ東の長さ約一里 二嶼の間距離約二鏈半にして見たる所一礁脈ありて之を連結す ○西嶼は海面上高さ四一〇呎にして其形棒糖の如し 東嶼は較低くして平頂なり ○此列岩付近は水頗深きか如しと雖 其位置は實に函館に向て日本海を航行する船舶の直道に當れるを以て頗危險なりとす

【국역문】

「일본해 안의 한 도서(양코)」

지난 4월 중순, 도쿄에서 발행된 각 신문은 일본해 안에 한 도서를 발견했다고 보도했다. 그에 따르면, 한국의 울릉도에서 동남쪽으로 30리[약 120km], 우리 일본의 오키에서 서북쪽으로 거의 같은 거리가 떨어져 있는 바다 위에 아직 세상에 알려지지 않은 한 도서를 발견했다. 이 섬은 아직 일본의 해도(海圖)에 실리지 않았으며, 영국 해도도 이를 기재하지 않았지만, 그 섬의 존재는 확실하고, 실제로 울릉도에 있는 일본인은 맑은 날 산의 높은 곳에서 동남쪽을 바라보면, 아득히 섬 모양을 확인할 수 있다고 한다. 지금 이 섬 발견의 역사를 들으니, 1~2년 전에 규슈 쪽의 어떤 잠수기 선박이 물고기를 쫓아 멀리 바다로 나갔는데, 낯선 곳에 한 도서가 있는 것을 발견하고, 기꺼이 이곳을 근거지로 삼아 그 사방의 바다에서 잠수어업을 했는데, 근처에 서식하는 어종은 상당히 많았지만, 강치[바다사자] 수백 마리가 무리를 지어 잠수기 선박을 방해하여 결국 목적을 완수하지 못하고 되돌아왔다고 한다. 이 배에 타고 있던 잠수 업자가 실제로 목격한 것을 보도한 내용에 따르면, 그 섬은 길이가 30정[약 3.3km]에 가깝고, 언덕은 그다지 높지 않으나 곳곳에 풀만 무성한 황무지로, 섬 모양은 굉장히 굴곡이 많아 어선을 정박하고 풍랑을 피하는데 상당히 편리하다고 한다. 단, 지상에서 몇 척까지는 땅을 파도 물을 얻을 수 없으며, 따라서 현재의 상태로는 수산물 제조장으로서의 가치는 부족하다고 할 수 있다. 그러므로 여전히 학자와 실업가가 충분한 탐험을 시행할 여지가 남아있다. 한일 어민은 이를 가리켜 양코라고 부른다고 한다.

이상의 기사에 따르면, 그 위치가 처음부터 확실하지 않다. 생각건대, 이 섬은 아직 해도에 표시되지 않았다고 하지만, 그 기사 및 호칭을 고려하면 바로 리앙쿠르섬(Liancourt rocks) 과 부합한다. 혹시 이것을 가리키는 것이 아닌지라는 의심도 들지만, 상세한 보고를 얻은 후가 아니면 좀 더 정확한 단정을 내릴 수 없다. 우선, 참조를 위해 아래에『조선수로지(朝鮮水路誌)』제2판(1899년 수로부 발행) 263쪽에서 리앙코트 섬[독도] 에 관한 내용을 발췌한다.

리앙코루토 열암

이 열암은 서기 1849년 프랑스 선박「리앙쿠르트(Liancourt)」 가 처음 발견하였으며, 그 배 이름을 따서 명칭을 붙였다. 그 후 1854년, 러시아의 호위함「팔라스(Pallas)」는 이 열암을「메넬라이(Menalai)」및「올리부챠(Olivutsa)」열암이라고 명명하고, 1855년, 영국 군함「호르넷(Hornet)」은 열암을 탐험하고「호르넷토」열도라고 명명했다. 함장「포사이스(Forsyth)」의 말에 따르면, 이 열암은 북위 37도 14분, 동경 131도 55분의 장소에 있는 두 개의 불모의 섬으로, 조류 배설물이 항상 섬 위에 퇴적하여, 그 때문에 섬의 색깔이 하얗다. 그리고 길이는 북서쪽 약간 서쪽에서 남동쪽 약간 동쪽으로 약 1리[4km]이며, 두 섬 사이의 거리는 약 0.15해리(약 278m)로, 외견상 하나의 초맥(礁脈)이 있어 이것을 연결한다. ○서도(西嶼)의 높이는 해발 410피트로 그 모양은 막대 엿과 같다. 동도(東嶼)는 약간 낮

고, 정상이 평평하다. ㅇ이 열암 근처는 물이 상당히 깊어 보이
지만, 그 위치가 실제로 하코다테를 향해 일본해를 항행하는
선박의 직항로에 해당하기 때문에 매우 위험한 것으로 판단
한다.

【해제】

 이 자료에 언급된 도쿄 각 신문 중의 하나로 『도쿄 일일신문』
(1901.4.13.)의 기사 「일본해 안의 한 도서(一島嶼)」가 있다. 위
내용 중의 「그에 따르면」에서 「양코라고 부른다고 한다」까지의
문장은 신문 기사와 거의 같다. 신문 기사는 한국에서 어업조사
를 한 구즈우 슈스케(葛生修亮)의 정보를 바탕으로 작성한 것으
로 보이며, 그의 논문 「한국연해사정」과 공통되는 표현이 많다.
 기사에는 물고기를 쫓아 먼바다로 나간 한 잠수기 선박이 양
코 섬[독도]을 발견했다고 기술하고 있는데, 잠수기 선박은 해
안에서만 전복을 채취하므로 물고기를 쫓아갈 수가 없다. 잠수
기 선박은 야마구치현의 선박으로, 1899년에 울릉도에서 전복
채취가 불황이었기 때문에 거기에서 독도로 가서 전복을 채취했
다. 한편, 물고기를 쫓아 먼바다로 간 것은 오이타현의 상어 쌍
끌이 어선으로, 1899년 무렵부터 울릉도를 기지로 하여 독도에
서 고기잡이했다. 이 기사는 두 사실을 혼동하고 있는 것 같다.
 기사에는 울릉도의 높은 곳에서 독도를 목격한 사실을 기록
하고 있는데, 이러한 목격 기록은 이 자료가 최초일 것이다.

10. 쓰네야 세이후쿠(恒屋盛服), 「울릉도」, 『조선개화사(朝鮮開化史)』, 박문관, 1901년.

【翻刻文】

「欝陵島」

金崗山ノ一支 東海ニ入ル六十餘里峙立シ欝陵島トナル 一ニ蔚陵ト書ス 即チ古ノ于山國ナリ 後新羅ニ入ル 別名ハ武陵、羽陵共二字音近キニ因ル 大小六島アリ其中著名ナルヲ于山島(日本人ハ松島ト名ク) 竹島ト云フ 全島ノ面積約七十五方哩 島中耕作スベキノ地多カラズ 樹木ハ海濱コリ山嶺ニ至ルマデ欝密ス 山高サ四千英尺ニシテ海岸陸参三哩内海中の水深六千英尺ヨリ九千六百英尺ニ至ル 居民ハ男女約三百口 數十年以來船匠商賈及漁夫相踵デ臻リ住居ス 海水甚ダ深キヲ以テ 魚産未ダ盛ナラズト雖トモ 海菜ノ運出毎年二千荷ヲ超エ 土質膏沃ニシテ肥料灌漑ヲ要セズ 只樹叢爐灰ヲ以テ覆耕ス 春作ハ大小麥ニシテ秋作ハ薯及豆ノ類ナリ 林産ハ老巨ノ杉松及各種ノ寶木ニシテ 亦多ク槐木、香木、柏子木、甘湯木ヲ産ス 今王二十三年韓廷金玉均ヲ以テ東南諸島開拓使兼捕鯨使ニ任ジ 白春培ヲ以テ從事官トナシ該島開拓事務ヲ辨理セシメタルガ 翌年京城ノ變アリテ果サズ 其後島民徐敬秀ヲ以テ越松萬戸ニ差定シ 該島人民ヲ繁殖シ外国人ノ樹木伐採ヲ防禁セシメタリ

本島ノ日本ト關係ヲ生ジタルハ倭寇以来の事ナルガ如シ 貝原益軒ハ之ヲ日本ノ所属ト斷ジタリ 明治一五六年ノ頃 日本人某工人ヲ派シテ伐木ニ從事シタルニ 韓廷抗議シ 日本之ニ譲リ

テ其所屬論ハ一定シタルモ 日本人ノ窃ニ渡航シテ伐木及密貿
易ニ從事セルハ猶止マズ 貨物賣却ノ時 口錢百分ノ二ヲ官ニ納
レ 木材ニハ船一隻ニ百兩ヲ納レ 以テ公然ノ密貿易ヲ營メリ

　因ニ記ス 今王建陽二年西曆千八百九十七年 該島の伐木殖林
の權利露人ノ手ニ歸シ 光武三年京城駐在露公使ハ韓廷ニ照會
シテ外國人ノ鬱陵島木材盜伐ヲ禁ゼン事ヲ迫り 外部亦タ日本
公使ニ照會シタレバ 日本公使ハ該島ニ在リタル日本人ニ退去
ヲ命ジ 次デ露ハ工學士及兵士ヲ該島ニ派シ 占領ニ類似せる處
置ヲ施シタリト云フ

【국역문】

「울릉도」

　금강산의 한 갈래가 동해로 60여 리 들어가서 융기하여 울릉
도(欝陵島)가 된다. 어떤 이는 울릉(蔚陵)이라고도 쓰고 있다.
즉 옛날의 우산국이다. 후에 신라로 편입된다. 다른 이름으로
무릉도, 우릉이라도 하며, 모두 소리가 비슷한 것에서 기인한
다. 크고 작은 6개의 섬이 있으며, 그중에 유명한 것은 우산도
(일본인은 송도라고 부른다)로 죽도라고도 한다. 섬 전체의 면
적은 75제곱마일. 섬에는 경작이 가능한 토지가 많지 않다. 나
무는 해변에서 산봉우리에 이르기까지 울창하다. 산의 높이는
4,000피트이고, 해안은 가파른 경사가 이어져 있고, 3마일 안
의 바닷속 수심은 6,000피트에서 9,600피트에 이른다. 거주민
은 남녀 약 300명, 수십 년 전부터 배를 만드는 장인과 상인,

어부가 잇따라 건너와서 거주하고 있다. 바닷물이 매우 깊어 어업생산은 활발하지 않지만, 미역의 산출량은 매년 2,000하(荷[3])를 넘어서고, 토질은 비옥하여 비료와 관개(灌漑)가 필요 없다. 단, 초목을 태운 재를 넣어 밭갈이한다. 봄에는 보리·밀이 나고, 가을에는 고구마와 콩이 난다. 산림은 거대한 삼나무와 소나무 등, 각종 귀한 나무가 있고, 또한 회화나무(槐)와 향나무, 잣나무, 감탕나무를 산출한다. 현재의 임금 23년[20년의 오류], 한국 조정이 김옥균을 동남제도개척사 겸 포경사로 임명하고, 백춘배를 종사관으로 하여 이 섬의 개척 사무를 담당하게 하였지만, 이듬해, 경성의 변[갑신정변]이 발생해, 임무를 다하지 못했다. 그 후, 섬 출신 서경수를 월송만호(越松萬戶)로 정해 이 섬의 백성을 늘이고, 외국인의 수목 벌채를 금지했다.

이 섬이 일본과 관계를 갖기 시작한 것은 왜구 이후의 일인 것으로 보인다. 가이바라 에키켄(貝原益軒)은 이것을 일본 소속이라고 단정했다. 1882~1883년경, 일본인 아무개가 노무자를 파견하여 벌목을 개시하자 한국 조정이 항의하고, 일본은 이를 양보하여 그 소속에 관한 논의가 결정되었지만, 일본인이 몰래 도항하여 벌목, 밀무역에 종사하는 것은 여전히 그치지 않았다. 화물을 매각할 때는 수수료로 2/100를 관아에 납입하고, 목재는 배 한 척당 100량을 납입한 이후로는 공공연하게 밀무역을 운영했다.

덧붙여 기록한다. 현재 임금의 건양 2년, 서기 1897년, 이 섬의 벌목식림권이 러시아인의 손에 들어가, 광무 3년, 경성

---

3) 에도시대의 단위로 중량을 나타낸다. 1하(荷)는 약 60kg에 해당한다.

주재 러시아 공사는 한국 조정에 조회하여 외국인이 울릉도에서 목재를 도벌하는 것을 금지하도록 요구하고, 외부[당시 조선의 외무아문]도 또한 일본 공사에 조회한 바, 일본 공사는 이 섬에 있는 일본인에게 퇴거를 명하고, 이어서 러시아는 공학사 및 병사를 이 섬에 파견하여 점령과 유사한 조처를 했다고 한다.

【해제】

이 자료는 황성신문(1899.9.23.)의 기사 「울릉도사황(鬱陵島事況)」에 기록된 「日鬱陵이라 其附属한小六島中에 最著者는于山島竹島」라는 구절을 인용한 것 같지만, 한국에 관해 잘 아는 저자 쓰네야 세이후쿠(恒屋盛服)는 이 내용에 덧붙여 일본인이 우산도를 송도라고 부른다는 사실을 분명히 하였다는 것이 특히 주목된다. 이 자료의 내용은 구즈우 슈스케의 「한국연해사정」에서 인용한 것이 많다.

또한 이 자료의 「자서(自叙)」에 따르면, 쓰네야는 청일전쟁 발발 직후에 한국으로 건너가서, 이듬해인 1895년부터 내각 보좌관으로서 기록, 편찬, 관보 사무를 감독했다고 한다. 이듬해 「아관파천」의 여파와 자신의 계약만료로 인해 퇴직했지만, 그 후로도 서울에 4년간 머물렀다. 이후, 일본에서 1900년 늦봄에 이 책을 완성했으며, 출판한 것은 1901년 1월이다.

11. 「울릉도 망루 건설 계획」, 1904년, 『극비 1904, 1905년 해전사(海戰史)』 제4부 4권 3편

【翻刻文】

是ヨリ先キ、朝鮮海峡ノ衝に當レル沖ノ島ニハ、開戰ノ當初望樓ヲ設置シタルモ、海底電線ノ連絡アラサリシヲ以テ、浦鹽艦隊ノ南下ニ對シ、作戰上遺憾尠カラサルモノアリ、尚其ノ他樞要ノ地點ニ、通信機關ヲ設備スルノ必要ヲ認メシヲ以テ、七月五日 伊東海軍軍令部長は、山本海軍大臣ニ商議スルニ、左記ノ如ク海軍通信機關ヲ設備センコトヲ以テス、

一、假設望樓ノ設置

　一、朝鮮海峡鴻島

　一、絶影島東南部(釜山電信局ニ連絡ス)

　一、鬱陵島ノ西北部及ヒ東南部ニ各一箇所

　一、長門國見島ノ北部

二、海底電線ノ敷設

　一、竹敷鴻島松眞間

　一、竹敷沖ノ島角島見島間

　一、竹邊鬱陵島間(鬱陵島ノ望樓ハ陸線ヲ以テ相互連絡スルコト)

三、沖ノ島望楼ニ電信事務ノ開始

[以下省略]

【국역문】

이보다 앞서 조선 해협의 요충지에 해당하는 오키노시마에는 전쟁을 개시했을 때 망루를 설치했지만, 해저전선이 연결되어 있지 않아 블라디보스토크 함대의 남하와 관련해서 작전상 부족한 점이 적지 않았다. 또한, 그 외의 중요한 지점에 통신기관을 설비할 필요를 확인하고, [1904년] 7월 5일 이토 해군군령부장은, 야마모토 해군장관과 상의하여, 아래와 같이 해군의 통신 기관을 설비하기로 하였다.

1. 가설 망루 설치
    1. 조선 해협 홍도(鴻島)
    1. 절영도(絕影島) 동남부 (부산 전신국과 연결)
    1. 울릉도의 서북부 및 동남부에 각 1개소
    1. 나가토(長門) 지방[야마구치현 서부] 미시마(見島)의 북부
2. 해저전선의 부설
    1. 타케시키·홍도·송진(松真) 사이
    1. 타케시키·오키노시마·쓰노시마·미시마 사이
    1. 죽변·울릉도 사이(울릉도의 망루는 육지 선로를 상호 연결할 것)
3. 오키노시마 망루에서 전신 업무 개시
[이하 생략]

【해제】

　1905년 2월, 러일전쟁이 발발하자, 러시아 블라디보스토크 함대는 동해에서 큰 전과를 올렸다. 6월 일본해군 수송선 이즈미 호(3,229톤)와 히타치 호(6,175톤) 등을 격침하여, 일본에 충격을 주었다. 이 해전으로 1,000명 이상의 희생자를 낸 일본해군은 동해에서 적함 감시 체제의 정비가 시급한 과제였다. 따라서, 이 자료와 같이 한일 양국의 연안과 울릉도 등의 낙도에 망루를 설치하고, 그들을 해저전선 등으로 연결하기로 정했다.

12. 『군함 니타카 행동일지(軍艦新高行動日誌)』, 1904년 9월(일본 방위연구소 소장)

【翻刻文】

二十五日(月)

正午位置 34-54-0N 129-17-15E

午前十一時 釜山沖ニテ沖縄丸ト別レ 本艦ハ速力ヲ増加シテ 午后三時 竹敷港ニ帰着シ 廉ケ小島ノ北イ西三／四 西二鏈三／四ニ投錨ス 午后五時 沖縄丸入港ス 石炭搭載、第十二艇隊佐渡国丸出港、十八艇隊入港ス

松島ニ於テ「リアンコルド」岩実見者ヨリ聴取リタル情報

「リアンコル」ド(ママ)岩 韓人之ヲ独島ト書シ 本邦漁夫等 略シテ「リヤンコ」島ト呼称セリ 別紙略圖ノ如ク 二坐岩嶼ヨリ成リ 西嶼ハ高サ四〇〇呎 険阻ニシテ攀ルコト困難ナルモ 東嶼ハ較低クシテ雑草ヲ生シ 頂上稍々平坦ノ地アリ 二三小舎ヲ建設スルニ足ルト云フ

淡水、東嶼東面ノ入江内ニテ少許ヲ得 又全嶼ノ南B点水面ヨリ三間余ノ所ニ湧泉アリテ四方ニ浸出ス 其量稍々多ク 年中枯渇スルコトナシ 西嶼ノ西方C点ニモ亦清水アリ、

嶼ノ周回ニ点在スル岩ハ概シテ扁平ニシテ 大ナルハ数十畳ヲ敷クニ足リ 常ニ水面ニ露出ス 海馬茲ニ群集ス 両嶼ノ間ハ船ヲ繋グニ足ルモ 小舟ナレバ陸上に引揚ゲルヲ常トシ 風波強ク 全島ニ繋泊シ難キ時ハ大抵松島ニテ順風ヲ得 避難スト云フ

松島ヨリ渡航 海馬獵ニ従事スル者ハ六七十石積ノ和船ヲ使

用シ 嶼上ニ納屋ヲ構エ 毎回約十日間滞在シ 多量ノ収額アリ
ト云フ 而シテ其人員モ時々四五十名ヲ超過スルコトアルモ 淡
水ノ不足ハ告ケザリシ 又本年ニ入リ数回渡航シタルニ 六月
十七日 露国軍艦３隻全島付近ニ現ハレ 一時漂泊シ 後北西ニ進
航セルヲ実見セリト云フ

　[挿入図１] リヤンコ略図
　隠岐島前ヨリ距離四十五里(日本里) 松島より距離二十五里
(日本里) 周囲壱里 トド数 数万 分娩期六月
　[挿入図2] 松島東南望楼臺ヨリ望遠鏡ヲ以テ見タル「リヤン
コ」島

【국역문】

[1904년 9월] 25일(월)
정오 위치, 북위 34도 54분 0초, 동경 129도 17분 15초

　오전 11시 부산 앞바다에서 오키나와 호와 헤어지고, 본 함
은 속력을 가속하여 오후 3시, [쓰시마] 타케시키 항에 귀착하
여 가도가코지마(廉ケ小島)의 북북서쪽 3/4, 서쪽 2연(鏈) 3/4
에 정박. 오후 5시, 오키나와 호 입항. 석탄 탑재. 제12 정대
(艇隊) 사도쿠니 호(佐渡国丸) 출항. 18정대 입항.
　송도에서 리앙코르도 암 목격자로부터 청취한 정보
　리앙코르도 암, 한국인은 이를 독도(獨島)라고 쓰고, 일본의

어부들은 줄여서 리양코 섬이라고 부른다. 별지의 약도와 같이 2개의 바위섬(岩嶼)으로 이루어지며, 서도는 높이가 400피트인데, 험준하여 오르는 것이 곤란하지만, 동도는 약간 낮아 잡초가 돋아있고, 정상에 약간 평탄한 땅이 있어 2~3개의 작은 건물을 짓기에 충분하다고 한다.

담수[민물]는 동도 동쪽에 있는 작은 만 안에서 아주 조금 얻을 수 있다. 또한, 이 섬의 남쪽 B점의 수면에서 5.5m 지점에 물이 솟아나는 샘이 있어, 사방으로 쏯아 나온다. 그 양은 약간 많으며, 일 년 내내 고갈될 일이 없다. 서도의 서쪽 C점에도 또한 샘물이 있다.

섬 주위에 여기저기 흩어져있는 바위는 대체로 편평하고, 큰 것은 다다미 수십 장 넓이로 항상 수면에 노출되어 있는데, 해마가 여기에 군집한다. 두 섬 사이는 배를 계류할 수 있지만, 작은 배는 항상 육상으로 올려두며, 풍파가 강하여 이 섬에 정박하기 어려울 때는 대부분 송도(松島)에서 순풍을 받아 피난한다고 한다.

송도에서 도항하여 해마 사냥을 하는 사람은 6, 70석을 싣는 일본식 배를 사용하고, 섬 위에 헛간을 지어, 매번 약 10일간 체재하는데 다량의 수확이 있다고 한다. 그 인원도 때로는 40~50명을 초과하는 일이 있지만, 담수가 부족하다고 말한 적은 없다. 또한, 올해 들어와 몇 차례 도항했는데, 6월 17일, 러시아 군함 3척이 이 섬 근처에 나타나 한때 떠다닌 후 북서쪽으로 항진하는 것을 목격했다고 한다.

[삽입도1] 리양코 약도

오키의 도젠에서 거리 45리(일본 리), 송도에서 거리 25리 (일본 리), 주변 1리, 바다사자 수만, 분만 시기 6월.

[삽입도2] 송도 동남쪽 망루대에서 망원경으로 본 리양코 도

【해제】

이 자료는 「독도(獨島)」의 이름이 등장하는 최초의 자료이다. 또한, 울릉도 어민이 1904년에 독도에서 본격적으로 강치잡이를 했다는 것을 공식적으로 확인할 수 있는 최초의 자료이기도 하다. 1904년 9월 25일, 군함 니타카 호는 경상북도 죽변에서 울릉도의 「송도 동쪽 망루」로 해저전선을 부설하던 오키나와 호의 호위 임무를 담당했다. 그때 니타카 호는 울릉도에서 독도를 본 스케치 그림 등을 작성하고, 독도에 실제로 건너간 적이 있던 사람으로부터 독도의 정보를 듣고 기록하였다. 이러한 활동은 독도에 망루를 세우기 위한 예비 조사였던 것으로 보인다.

13. 「시마네현의 죽도(독도)·울릉도 조사 계획(島根県
    の竹島(獨島)·欝陵島調査計画)」,「시마네현 을농제
    169호(乙農第一六九号)」『「비(秘)」죽도』(시마네현
    총무과 소장)

【翻刻文】

「乙農第一六九号」
　商第八九九号ヲ以 竹島及欝陵島ノ視察調査事項ノ件ニ付云
々御照会之趣了承致候 左記ノ廉々ハ可成調査相成候様致度見
込ニ有之候 此段回答およひ候也
　明治三十八年八月廿八日
　隠岐島司 東文輔
　島根県第三部長
　事務官 神西由太郎殿

　竹島ニ對スルモノ
一 沿海潮流ノ状況 緩急
二 恒風
三 海深 底質 魚礁ノ有無
四 磯モノノ種類(魚介藻)
五 回游魚ノ有無 去就ノ状況 種類
六 漁獵採取方法ノ見込
七 草木栽培ノ能否 其種類
八 常住ヲ為スベキ見込ノ有無 飲料水ノ有無 良否

欝陵島ニ對スルモノ

一 沿海潮流ノ状況 緩急

二 恒風

三 海深 底質 魚礁ノ有無

四 磯モノノ種々(魚介藻

五 回游魚ノ有無 去就状況 種類

六 漁獵採取方法ノ見込

七 漁港及避難所ノ状況

八 農漁 凡何戸位移住生活シ得ラルヘキ乎

九 農作物ノ種類 耕作ノ概略 借地ノ手続

十 煙草作付ノ能否

十一 造林ノ能否

【국역문】

「을농제169호」

「상제899호(商第八九九号)」로 죽도(독도) 및 울릉도 시찰 조사 사항 건에 대해서 적은 조회의 취지는 잘 알았습니다. 아래의 사항은 상세하게 조사해야 할 사안입니다. 이 내용을 답변합니다.

1905년 8월 28일
오키도사 히가시 분스케(東文輔)
시마네현 제3부장
사무관 진자이 요시타로(神西 由太郎) 귀하

죽도에 관한 것

1. 연해조류(沿海潮流)의 상황, 완급
2. 평상시의 바람
3. 바다의 깊이, 해저의 지질, 어초(魚礁)의 유무
4. 해안가에서 잡히는 것들의 종류(어패·해초류)
5. 회유 어종의 유무, 거취 상황, 종류
6. 어렵·채취 방법의 전망
7. 초목 재배 가능 여부, 종류
8. 상주 가능성 유무, 음료수의 유무와 수질의 좋고 나쁨

울릉도에 관한 것

1. 연해조류의 상황, 완급
2. 평상시의 바람
3. 바다의 깊이, 해저의 질, 어초의 유무
4. 해안가에서 잡히는 것들의 종류(어패·해초류)
5. 회유 어종의 유무, 거취 상황, 종류
6. 어렵·채취 방법의 전망
7. 어항 및 대피소의 상황
8. 농민·어민이 약 몇 호 가량 이주하여 생활할 수 있는지
9. 농작물의 종류, 경작의 개략, 임차 절차
10. 담배 재배의 가능 여부
11. 조림(造林)의 가능 여부

【해제】

　이 자료는 울릉도·독도를 본격적으로 침략하기 위해 오키도사(隱岐島司)가 시마네현과 함께 세운 조사계획서이다. 이 계획에 따라 1906년 3월, 시마네현의 관리인 진자이 요시타로 등은 독도를 조사한 후 울릉도에 상륙했다. 조사에 참여한 오쿠하라 헤키운(奧原碧雲)은 울릉도 방문 이유를 날씨 악화로 인한 피난이었다라고 『죽도 및 울릉도』에 기술하고 있지만, 일행은 처음부터 울릉도도 조사할 계획이었다는 것을 이 자료를 통해 알 수 있다. 또한 『산음신문』(1906.3.23.)의 기사 「죽도 도항 예정」에도 일행이 울릉도에 기항할 예정임을 보도하고 있다. 진자이 일행의 보고서는 공개되어 있지 않지만, 일행은 시마네현민을 울릉도로 이주시킬 목적으로 울릉도·독도의 어업이나 농업, 임업 가능성 등에 대해서도 조사했던 것으로 보인다.

　일행의 방문을 받은 울도 군수 심흥택은 「본군 소속 독도」가 일본령이 되었다고 진자이 등이 알린 점, 그뿐만 아니라 일행이 섬 안의 호수(戶數)와 인구, 토지, 생산량, 군아(郡衙)의 인원·경비·제반 사무 등에 관해 조사한 것을 중앙정부에 보고했다.

14. 쓰시마 함장(對島艦長),「리양코루도 섬 개략」, 1905년.
출처: 해군 군령부『극비 1904, 1905년 해전사』제4부 4권, 비고문서 제67호(방위성 방위연구소 소장)

【翻刻文】

明治三十八年一月五日 對島艦長海軍中佐仙頭武央ヨリ水路部長ニ提出セルリヤンコールド島概要

リヤンコールド島ハ一帶ノ狭水道ヲ隔テヽ相對峙スル二個ノ主島ト 其ノ周圍ニ碁列スル小嶼ヨリ成ル洋中ノ一小群嶼タルニ過キス 此ノ小嶼ハ槪ネ扁平ニシテ上面僅ニ水上ニ現出シ主島ノ周邊ハ奇観ヲ呈スル洞窟ニ富ミ 共ニ海豹群ノ棲窟タリ主島ハ全部殆ト不毛ノ禿岩ニシテ海風常ニ全面ヲ嘗吹シ一株ノ樹木ナク 南面ニ於テ野草僅ニ苔生スルヲ見ルノミ 全周ハ斷崖絶壁軟性ノ石層ヨリ成リ 周邊何レヨリスルモ攀登殆ト不可能ニ屬シ 全島平坦ノ地ニ乏シク 水道ノ兩側ニ於テ狭小ナル平坦ノ礫地二三箇所アレトモ皆洋濤ノ襲來ヲ免レス 東島ニ於テ菰葺ノ假小屋アリ 海豹獵ノ爲メ夏期此ノ島ニ渡來スル漁夫用ノモノニシテ 當時著シク破壊シ 僅ニ其形跡ヲ止ムルノミ 其ノ破損ノ狀況ヨリ判斷スルニ此ノ附近ヲ蹂躙スル風波ノ猛威察スルニ餘リアリ 試ニ風浪ノ鋭鋒ヲ避ケ得ヘキ家屋建築用地ヲ他ニ求ムレハ僅ニ左記二箇所アルニ過キス

（イ）西島ノ東面ニ山崩アリ 其ノ傾斜頗ル急ニシテ上半ハ殆

ト直立シ到底攀ツル能ハサレトモ 下半ハ稍緩傾ヲナシ辛ウシ
テ其ノ中腹マテ攀登スルヲ得 此ノ處地質強ナル岩層ニシテ 之
ヲ開鑿スレハ三坪弱ノ平坦地ヲ得ヘク 東風ノ外悉ク遮蔽シ得

（ロ）東島頂部ハ一見平坦ナル部分多ク家屋建設ニ適スル如ク
ナレトモ 之ヲ踏査スルニハ經路ニ多大ノ工事ヲ施スニ非サレ
ハ 局地ニ達スル能ハサルヲ以テ 實見シ得サリシモ 海洋ノ蠻風
ニ對シテ四周暴露ノ難ヲ免レス 然レトモ獨リ南端ニアル平坦
地ハ三四坪ノ廣サアルヘク西北ノ一方ハ遮蔽セラルヽモノヽ
如シ

此ノ如クニシテ全島絶壁斷崖 一溪地ヨリ隣溪に至ラントス
ルモ亦小船ニ依ラサルヘカラス

西島ノ西南隅ニ一ノ洞窟アリ 其ノ天蓋ヲナス岩石ヨリ滴出
スル水ハ其ノ量稍多シト雖モ 雨水ノ滴下スルト同樣ニシテ之
ヲ採取スルコト困難ナリ 此ノ他數箇所ニ於テ山頂ヨリ山腹に
沿ヒ滴瀝スル水アルヲ發見セルモ 其ノ量僅微ニシテ 其ノ經路
ハ海豹ノ屎尿等ニ依リ汚染セラルヽヲ見ル 試ニ東島ノ東南隅
ニ於テ滴下スルモノヲ採取シ檢スルニ 一種異樣ノ悪臭ヲ放チ
黄色ヲ呈シ既ニ汚水タルヲ證セリ 而テ化学的検査上左ノ成績
ヲ得 到底飲料ニ適セサルヲ認ム

理学的反應 黄色有臭微溷濁 酸性反應 格魯兒多量 硫酸多量
硝酸ナシ 亜硝酸ナシ 石炭少量 安母尼亞少量 有機質中量

海豹獵ノ爲メ渡來スル漁夫ハ 海上平穏ナルトキ島水ヲ採取

シ 煮炊ノ用ニ供スレトモ 飲料(茶水)トシテハ 他ヨリ持チ來リ
タルヲ用フト云フ

之ヲ要スルニ本島ハ瘠タル禿岩ニシテ 海洋ノ蠻風ニ露出シ
其ノ猛威ヲ避クルニ足ルノ面積ヲ有セス 炊クニ燃料ナク 飲ム
ニ水ナク 食フニ糧ナシ 聞ク毎年六七月ノ頃海豹獵ノ爲メ渡來
スルモノ數十名ノ多キニ達スルコトアリ 是等ハ皆一回約十日
間宛假居ヲナシ獵獲ニ從事スレトモ 皆其ノ他ノ季節ニ於テハ
殆ト來ルモノナシト 現ニ目擊スル幾百千ノ海豹群ハ 周年獵獲
スルモ尚餘リアルヘキニモ拘ラス 六七月ノ外來航スルヲ欲セ
サルハ 蓋季節の風浪ニ對シ避難ノ途ヲ得ルニ苦マシムルニ基
因スルモノナラン

【국역문】

1905년 1월 5일 쓰시마 함장 해군 중령 센토우 타케오(仙頭
武央)가 수로부장에게 제출한 리양코루도 섬 개요

리양코루도 섬은 하나의 좁은 수로를 사이에 두고 서로 마주
보는 두 개의 주요 섬과 그 주위에 퍼져 있는 작은 섬으로 이루
어진 바다 가운데 있는 하나의 작은 군도에 불과하다. 이 작은
섬들은 대체로 편평하며, 표면이 약간 물 위로 돌출하여 있고,
주된 섬의 주변은 훌륭한 경치를 이루는 동굴이 많아 모두 바
다표범[물개]의 무리가 사는 바위 동굴이다. 주된 섬은 전체가
거의 불모의 대머리 바위로, 바닷바람이 항상 전면을 훑듯이

불어, 한 그루의 나무도 없고, 남쪽에 들풀이 약간 이끼처럼 나 있는 것을 볼 뿐이다. 사방은 낭떠러지 절벽이고 부드러운 바 위로 이루어져 있어, 주변 어디에서도 등반은 거의 불가능에 가깝다. 섬 전체는 평평한 땅이 부족하고, 수로 양쪽으로 협소 하고 평탄한 자갈땅이 두세 군데 있지만, 모두 바다의 파도를 피하기 어렵다. 동도에 풀을 엮어 만든 오두막집이 있다. 바다 표범 사냥을 위해 여름에 이 섬에 도래하는 어부용이기 때문 에, 지금은 상당히 파손되어, 겨우 그 모습의 흔적만이 남아있 을 뿐이다. 그 파손 정도로 판단해보면, 이 근처를 짓밟는 풍파 의 맹위를 헤아리고도 남음이 있다. 시험 삼아 풍랑의 예봉을 피할 수 있는 오두막의 건축 부지를 다른 곳에서 찾는다면, 겨 우 다음의 두 곳이 있을 뿐이다.

(가) 서도의 동쪽에 산사태 흔적이 있고, 그 경사는 대단히 가파르고 상반부는 거의 직립하여 도저히 오를 수 없지 만, 하반부는 약간 완만한 경사를 이루고 있어, 간신히 그 중턱까지 오를 수 있었다. 그 장소는 지질이 강한 암 석으로 그곳을 넓히면 3평 미만의 평탄지를 얻을 수 있 으며, 동풍 이외에는 모두 막을 수 있다.

(나) 동도의 가장 꼭대기부분은 얼핏 보면 평탄한 부분이 많 아 건물 건설에 적합할 것 같지만, 이것을 답사하려면 경로에 상당한 공사를 시행하지 않으면 그곳에 도달할 수 없으며, 또한 실제로 경험해 본 것은 아니지만, 바다 의 폭풍에 대하여 사방이 노출되어 어려움을 겪을 것이 다. 그러나 한군데, 남쪽에 있는 평탄지는 3~4평의 넓

이가 있고, 서북쪽만은 차단할 수 있을 것으로 보인다.

이처럼 섬 전체가 낭떠러지 절벽이며, 하나의 계곡에서 옆의 계곡으로 가려고 해도 작은 배에 의지하지 않으면 안 된다.

서도의 서남쪽 모서리에 하나의 동굴이 있다. 그 덮개가 되는 암석에서 방울져 떨어지는 물은 그 양이 조금 많지만, 빗물이 떨어지는 것과 같아서 이것을 채취하기는 곤란하다. 이 외에도 몇 군데 산 정상에서 산 중턱을 따라 방울져 떨어지는 물이 있는 것을 발견했지만, 그 양은 극히 소량이며, 그 경로가 바다표범의 분뇨 등으로 오염되어 있는 것을 볼 수 있다. 시험삼아 동도의 동남쪽 구석에 방울져 떨어지는 것을 채취하여 검사한 결과, 어떤 이상한 악취를 풍기고, 노란색을 띠고 있어 이미 오염된 물이라는 것을 증명하고 있다. 그리고 화학적인 검사에서 다음의 결과를 얻었으므로 도저히 마시기에 적합하지 않은 것으로 인정된다.

이학적인 반응: 노란색, 냄새가 있음, 희미하게 혼탁, 산성반응, 염소 다량, 황산 다량, 질산 없음, 아질산 없음, 석탄 소량, 암모니아 소량, 유기질 중량

바다표범 사냥을 위해 도래하는 어부는 바다가 평온할 때 섬의 물을 채취하여 취사용으로 사용하는데, 음료(찻물)는 외부에서 가지고 온 것을 사용한다.

이를 요약하면, 이 섬은 쇠약한 대머리 바위 섬으로, 바다의 폭풍에 노출되어 그 맹위를 피하기 위한 충분한 면적을 가지고 있지 않다. 밥을 짓기 위한 연료가 없고, 마실 물도 없고, 먹기 위한 식량도 없다. 듣기로는, 매년 6, 7월 무렵, 바다표범을 잡

으려고 도래하는 사람이 수십 명에 이르고 있다. 이들은 모두 한 번에 약 10일가량 임시로 체재하면서 사냥을 하지만, 모두 다른 계절에는 거의 오는 사람이 없다고 한다. 실제로 목격한 수백, 수천의 바다표범의 무리는 일 년 내내 사냥하고도 여전히 남아있지만, 6, 7월 외에 오려고 하지 않는 것은 아마도 계절의 풍랑을 피할 방도를 얻기 어려운 것이 원인인 것으로 보인다.

【해제】

군함 쓰시마가 독도를 조사한 목적은 러시아 발트함대와의 해전에 대비하여 독도에 망루를 건설하는 것이 가능한지를 판단하는 것이었다. 1904년 11월 20일에 실시된 이 조사는 역사상 최초로 일본 정부에 의한 독도 조사였다. 이 조사보고는 이 자료 외에는 알려진 것이 없다. 조사 결과 망루 건설 자체는 가능하지만, 망루를 운동하는 사람들의 생활이 상당히 곤란할 것으로 판단되어 제2함대 참모장은 망루 설치를 일단 보류했다.

실제 조사는 군함 쓰시마 호의 부함장 야마나카 시바키치(山中柴吉)와 군의장 이마이 도미타로(今井外美太郞)가 시행했다. 쓰시마 함장 센토 다케오(仙頭武央)는 이 조사 결과를 다음 해 1월에 수로부장 기모쓰키 가네유키(肝付兼行)에게 송부했는데, 그 이유는 수로부장이 내무성으로부터 독도를 일본영토로 편입하는 것과 관련한 조회를 받았기 때문이다. 기모쓰키는 그 답변서를 작성하는 데 참고하기 위해 제출받은 것으로 보인다.

15. 하시다테 함장(橋立艦長), 「죽도(독도)시찰보고」, 1905년.

출전: 해군 군령부 『극비 1904, 1905년 해전사』 제4부 4권, 비고문서 제70호(방위성 방위연구소 소장)

【翻刻文】

明治三十八年六月十五日橋立艦長福井正義ノ提出セル竹島視察報告

命ニ因リ 明治三十八年六月十二日 竹敷ヲ發シ 十三日午後二時 竹島東嶼ノ東端約一浬ニ達シテ標泊シ 即時端舟ヲ艤シ 航海長小倉大尉及ヒ其ノ從屬森田中尉ヲ派遣シ 望樓設置適否ノ調査ヲ命ス 此ノ一行中ニハ豫テ佐世保鎮守府ヨリ派遣セル技手職工等ノ一行ヲ含有セリ 右派遣將校ノ調査槪要左ノ如シ

一、竹島ハ二座ノ列岩ヨリ成ル磽确不毛ノ小嶼ニシテ 西方ニ位置スルモノハ大ニシテ且高(海圖標高四百呎) 然レトモ四圍皆斷崖絶壁ニシテ攀登スヘカラス 加之嶼上平坦ト認ムヘキ地ナク 都テ峻險ナル岩峰屹立シ 望樓設置ノ望絶エテナシ

東方ニ位置スルモノハ前者ヨリ稍低シト雖モ(三百二十五尺ヲ槪測シ得タリ)峻險ノ度少シク緩ニ 且辛ウシテ攀登スルコトヲ得ヘク 嶼上皿狀形ノ如キ稍平坦ナル地面アリテ 多少ノ土工事ヲ施セハ造營物ヲ建設シ得ヘシ

一、建築材料ノ陸揚ケ竝ニ頂上ヘノ運搬ハ辛ウシテ爲スコトヲ得 先ツ陸揚場ニ就テ言ハンカ 別紙見取略圖ニ示スカ如ク 東

西ノ二嶼ハ四座ノ小立岩一條ノ礁脈ニ因リテ連結セラレ 其ノ
長サ約一鏈(水路誌ニハ二鏈半トアリ)礁上ノ水深二尋乃至三尋
ニシテ優ニ小舟ヲ通スヘク 又四座ノ立岩ハ恰モ波濤堤ノ用ヲ
爲シ 東嶼ヨリ西走スル突角ト相待テ小港ヲ形成シ 小船舟ヲ繋
維スルノ便アリ 但偏西風ニ對シテハ全ク暴露シ 船舟ヲ繋維ス
ヘカラス

此ノ小曲灣ハ東嶼ニ對スル唯一ノ陸揚地點ニシテ 濱岸小平
地ニハ現ニ獵夫ノ結作セル數箇ノ納屋アリテ三十有餘人是に假
住ス

山上ヘ材料ヲ運搬スルニハ「デリック」様ノモノヲ以テスルヲ
便利トスヘク 斷崖攀登ヲ要スル箇所ニハ索梯ヲ用フルモ亦一
法ナランカ

一、西嶼頂上ヨリ落チ來ル一小流脈アレトモ 鹽分多量ニニシ
テ口ニスヘカラス 且試驗ノ結果到底飲料ニ適セサルコト別紙
軍醫ニ依リテ爲サレタル試驗表ノ如シ

一、望樓員ノ副食ニ供スヘキ蔬菜培殖ノ如キモ無論不可能ナ
ルヘシト信ス 如何トナレハ嶼上礒确ニシテ殆ト土壌ト名クヘ
キモノナク 且降雨少ケレハナリ

以上ハ派遣將校ノ視察スル所ニシテ 此ノ派遣中本艦ハ島ノ
周圍約一浬ヲ隔テ一周ヲ試ミタレトモ 別ニ暗礁等ノ觸目スル
モノナカリキ 但東嶼ノ北東端ヨリ一礁脈走出シ其ノ長サ約二
鏈ト目測シ得タリ

本島ハ目下海驢(Seals)ノ獵季ニシテ 隱岐國ヨリ渡来ノ獵夫
(寧ろ漁夫ナラン)三十五六名ニ達シ 小銃ト網器トヲ用ヒテ海驢

ヲ捕フ 其ノ獵獲ノ豊富ナル見ルニ足ルヘキモノアリ 少時間ノ
視察中彼等ヲ捉ヘテ談話セシ處 亦參考ニ資スヘキノ價値アル
ヲ以テ其ノ概要ヲ左ニ掲ク

本島ハ目下海驢獵ニ於ケル一富場ニシテ 獵者ハ陰暦四月中
旬ヨリ七月中旬マテ駐住シ 連日獵業ニ從事ス
海驢ヨリ得ル所ハ皮ト油ニシテ 之ヲ大阪地方ニ送リ毎年ノ
獲得金額四千圓乃至五千圓ナリト云フ
目下猟夫ノ指揮ヲ司ルモノハ隱岐國中江養三郎ナルモノニシ
テ 本人ノ言フ所ニ依レハ 若シ志望者アラハ本年ハ冬季モ駐住
シテ本島ニ越年ヲ試ムルノ志望ヲ有スト
海驢ノ外少量ノ鮑ヲ收獲スト云フ
気候ハ夏季ニ於テ日中酷暑ヲ感スルモ 朝夕ハ極テ掠冷ヲ覺
ユ 最炎暑ヲ感スルハ舊六月ナリトス 又濛気多クシテ降雨量ハ
本土ニ比シ極テ少シ
附近潮流ハ北東流ナルカ如ク其ノ速力モ少カラス 干滿差ハ
約四呎ナリ(報告者曰四呎ハ多キニ過クルカ如シト雖モ獵夫ノ
言ニ随フ故ニ姑ク疑ヲ存シ置ク)
本島ニハ薪水ナシ故ニ毎月一二回帆船ヲ以テ隱岐國トノ交通
ヲ保チ 糧食薪水其ノ他萬般ノ供給を仰キ居ルト云フ
(別紙)
水分析表
臭 無シ 清濁及ヒ色 稍黄褐色僅微ノ浮游残渣 塩素 多量
石炭[灰の誤りか] 僅微 安母尼亞 多量 硫酸 稍多量
亞硝酸 無シ 硝酸 無シ 有機物 多量 摘要 飲料不適

【국역문】

1905년 6월 15일, 하시다테 함장 후쿠이 마사요시(福井正義)가 제출한 「죽도(독도) 시찰 보고」

명령에 따라 1905년 6월 12일에 다케시키(竹敷)를 출발하여 13일 오후 2시에 죽도(독도) 동도의 동쪽 끝 약 1해리에 도달하여 표박(標泊). 즉시 단정을 띄우고 항해장 오쿠라(小倉) 대위 및 그 부속 사관 모리타(森田) 중위를 파견하여 망루 설치 가부에 대한 조사를 명함.

이 일행 중에는 미리 사세보 진수부(佐世保鎮守府)에서 파견된 기수(技手)와 직공(職工) 등의 일행이 포함되어 있음. 앞의 파견 장교의 조사 개요는 다음과 같음

1. 죽도(독도)는 2개의 늘어선 암초로 구성된 거친 불모의 작은 섬으로 서쪽에 있는 것이 크고 또 높다(해도의 표고는 400피트). 그러나 사방이 모두 깎아지른 절벽으로 등반은 불가능하다. 게다가 섬에는 평탄한 것으로 보이는 땅이 없고 모두 험한 봉우리로 이루어져 있어 망루 설치는 절망적이다.
2. 건축자재의 상륙이나 정상으로의 운반은 겨우 실행할 수 있다. 먼저 상륙장에 관해 말하면, 별지의 간단한 약도에 표시한 것처럼 동서의 2개 섬은 4개의 작은 바위로 구성된 한 개의 암초로 연결되어있으며, 그 길이는 약 1연[0.1해리](수로지에는 2연 반으로 기술), 암초의 수심은 3.6m

또는 5.4m로 작은 배가 통과할 수 있다. 또 4개의 바위는 흡사 방파제와 같은 역할을 한다. 동도에서 서쪽으로 튀어나온 돌출부와 서로 만나 작은 항구를 형성하여 작은 배를 묶어두기 편리하다. 단 편서풍이 불어오면 완전히 노출되어 배를 묶어둘 수 없다.

이 약간 휘어진 만은 동도에서 유일한 상륙 지점이며, 해안가의 작은 평지에는 현재 어부들이 세워둔 몇 개의 오두막이 있고, 30여 명이 여기에서 임시로 거주하고 있다. 산 위로 재료를 운반하기 위해서는 데릭(Derrick) 기중기와 같은 것을 사용하는 것이 편리할 것이며, 절벽을 등반할 필요가 있는 곳에는 줄사다리를 사용하는 것도 한 방편이 될 것이다.

3. 서도의 정상에서 내려오는 하나의 작은 수맥이 있지만, 염분이 많아 마실 수 없다. 또 시험 결과 도저히 음료수로는 적당하지 않은 것으로, 별지의 군의관이 실시한 시험표와 같다.

4. 망루 직원이 부식으로 먹을 채소를 재배하는 것과 같은 일은 물론 불가능할 것이라고 보인다. 왜냐하면 섬은 돌이 많은 불모지로 거의 토양이라고 부를 수 있는 것이 없으며, 그뿐만 아니라 강우량도 적기 때문이다.

이상은 파견 장교가 시찰한 것으로 파견 중에 본 함은 섬이 주위로부터 약 1해리의 거리를 두고 선회를 시도했지만, 별다른 암초 등, 눈에 띄는 것은 없었다. 단지 동도의 북동쪽 끝에서 하나의 암초 지맥이 돌출해 있는데, 눈으로 측정해본 결과 그 길이가 약 2연(0.2해리) 정도였다.

　이 섬은 현재 강치 어렵 시기로 오키에서 건너온 사냥꾼(주로 어부인 듯)들이 35~6명에 이르러고, 소통과 그물을 사용하여 강치를 포획하고 있다. 그 포획물이 풍부한 것은 볼만했다. 짧은 시간 동안의 시찰 중에 그들을 붙잡고 얘기를 나눠보니, 참고할 만한 가치가 있었기에, 그 개용을 다음과 같이 기술한다.

　이 섬은 현재 강치사냥의 꽤 큰 사냥터이며, 사냥꾼은 음력 4월 중순부터 7월 중순까지 상주하며 매일 사냥에 종사한다.

　강치로부터 얻는 것은 가죽과 기름이며, 이것을 오사카 지방으로 보내 매년 4,000~5,000엔을 획득한다고 한다.

　현재 사냥꾼을 지휘하고 있는 것은 오키 지방의 나카에 요자부로[나카이 요자부로를 잘못 표기]라는 사람으로 본인이 말하기를, 만약 지원자가 있으면 올해는 겨울에도 상주하면서 이 섬에서 해를 넘기는 것을 시도해 볼 계획이라고 한다.

　강치 외에도 적은 양의 전복을 수확한다고 한다.

　기후는 여름 한낮에는 매우 덥지만, 아침저녁은 상당히 시원하게 느껴지면, 가장 덥게 느껴지는 것은 음력 6월이라고 한다. 또 안개가 끼는 일이 많으며, 강우량은 본토에 비해 극히 적다. 근처의 조류는 북동쪽으로 흐르는 것처럼 보이며, 그 속도도 느리지 않다. 간만의 차는 약 4척이다(보고자가 말하기로는 4척은 너무 큰 것으로 보이지만, 사냥꾼의 말에 따른 것으로 의심의 여지를 남겨둔다).

　이 섬에는 땔감과 물이 없으므로 매달 한두 번은 범선으로 오키 지방과 교통을 유지하며, 식량과 땔감, 식수 등 기타 제반 공급을 받고 있다고 한다.

(별지)
물 분석표
냄새: 없음, 맑고 흐림 및 색깔: 약간 황갈색으로 미량의 부유물이 남아있음, 염소: 다량, 석탄: 미량, 암모니아: 다량, 황산: 약간 다량, 아질산: 없음, 질산: 없음, 유기물: 다량, 적요: 음료수로 부적합

【해제】

일본해군은 러시아 발트함대와의 역사적인 해전에 승리하여 러시아 해군의 위협을 완전히 제거했음에도 불구하고, 또다시 독도에 망루를 건설하는 계획은 세웠다. 그 조사를 시행하기 위해 군함 하시다테는 독도에서 망루는 세우기에 적합한 땅을 찾는 것과 함께 망루 직원의 생활이 가능한지에 관한 조사를 시행했다. 그때 참고로 한 것이 나카이 요자부로 등, 강치 사냥을 하던 어민들의 생활이었다. 그들은 한달에 1, 2회 정도 오키섬에서 생활물자의 보급을 받아서 생활하고 있었다. 이 보고를 받은 제3함대 사령관 다케토미 구니카네(武富邦鼎)는 최종적으로 독도 망루 운용이 가능한 것으로 판단했다. 2개월 후에 일본해군은 독도에 망루를 건설했다. 독도의 전략적 가치를 높이 평가한 것이다.

16. 「오키의 새 섬(隱岐の新島)」, 『산음신문(山陰新聞)』, 1905년 2월 24일.

【翻刻文】

「隱岐の新島」

北緯卅七度九分卅秒 東経百卅一度五十五分 隱岐島を距る西北八十五浬に在る島嶼を竹嶋と稱し 自今隱岐島司の所管と定めらると縣知事より告示せり 右島嶼は周圍十五町位の二島よりなる 周圍には無數の群島散在し 海峽は船の碇泊に便利なり 草は生へ居たるも樹木は無しと云ふ

【국역문】

「오키의 새 섬」

북위 37도 9분 30초, 동경 131도 55분, 오키 섬과의 거리 서북 85해리에 있는 도서를 죽도(독도)라고 명명하고, 지금부터 오키도사의 관할로 정하는 현지사의 고시가 나왔다. 이 도서는 주위가 15정(町) 정도 되는 두 개의 섬으로 구성되며, 주위에는 무수히 많은 작은 섬이 산재해 있고, 해협은 배를 정박하기에 편리하다. 풀은 나 있지만, 나무는 없다고 한다.

【해제】

이 기사의 전반부는 독도를 죽도라는 이름으로 하여 오키도 사의 관할 하에 둔다는 시마네현 고시 제40호의 본문을 인용하고 있지만, 이 고시를 보도한 신문은 이 『산음신문』뿐인 것으로 보인다. 『산음신문』은 시마네현을 중심으로 하는 지방지이다. 1950년대, 일본 외무성은 시마네현 고시에 따라 국제법상 국가의 죽도에 대한 영유 의사 공시가 이루어졌다고 주장했다. 게다가 지방지인 『산음신문』의 이 기사를 근거로 하여 죽도의 영토편입이 비밀리에 이루어진 것이 아니라고 주장했다. 그러나 이 신문 기사나 시마네현 고시에는 독도라는 이름뿐만 아니라, 산음지방 사람들이 부르던 리양코, 마쓰시마 등의 이름조차 없다. 이러한 기술 내용으로는 일본이 독도를 일본영토로 편입했다는 것을 알기는 상당히 어려웠을 것이다.

17. 「오키 지방 죽도(독도)에 관한 구기(舊記)」 『지학잡지 (地學雜誌)』 제200호, 1905년.

【翻刻文】

「隱岐國竹島に關する舊記」

田中阿歌麻呂

同島は去二月二十二日島根縣令を以て、公然我が帝國の範圍に入り、行政上隱岐島司の管轄とせられたり、而して其當時吾人は同島の外國人に依り發見せられたる事實及、地形に關する一般を紹介し置きたるが、(本誌 第十·七年百九十六號參照)此地は去る五月二十七八日の日本海の海戰に依り、リアンコート Liaocourt Rocks. 岩の名稱の下に世上に知られたり。今此島の沿革を考ふるに其發見の年代は不明なれども、フランス船リアンクール號の發見より遙に以前に於て、本邦人の知る所なり、德川氏の時代に於て之れを朝鮮に與へたるが如きも、其の以前に於て、此島は或は隱岐に或は伯耆、石見に屬したり、明治の初年に到り、正院地理課に於て其の本邦の領有たることを全然非認したるを以て、その後の出版にかゝる地圖は多く其の所在をも示さゞるが如し、明治八年 文部省出版 宮本三平氏の日本帝國全圖には之れを載すれども、帝國の領土外に置き塗色せず、又我海軍水路部の朝鮮水路誌には、リアンコート岩と題し、リアンコート號の發見其他外國人の測量記事を載するのみなり。故に聯合艦隊司令長官報告 大海報第一一九号にも之れを襲用してリアンコート岩として報ぜられ、大本營海軍幕僚は其後是

を竹島に訂正(六月十五日官報六五八六號所載日本海海戰の詳
報中竹島とあり)せられたり。

　子は嘗て井上賴國氏の懇篤なる助力に依り内閣文庫所藏の圖
書に依り竹島に關する舊記を閲覧することを得たり。圖書の主
なものを列記すれば

　竹島考　伊藤東涯

　竹島圖説　　　　金森 謙

　多気甚麼褄誌　松浦竹四郎(源弘)　　嘉永七年十一月

　松浦氏は地理に熱心なる人なり、而して其記事の菅に正確な
るのみならず著書中當時の人心にして竹島を無視せる事を慨嘆
せるの文字さへあり、子は竹島に關する記事を輯むるに際し其
多くを氏の竹島褄誌に依り他に二三の材料をも參照しぬ。記事
或は正鵠を失するや未だ計る可からざるも暫く此の材料にて同
島に關する沿革及舊記に依れる地理を記載すべし[以下省略]

【국역문】

「오키지방 죽도(독도)에 관한 구기(舊記)」

　　　　　　　　　　　　다나카 아카마로(田中阿歌麻呂)

　이 섬은 지난 2월 22일에 시마네 현령으로 공공연하게 우리
제국의 판도에 편입되어 행정상 오키도사의 관할이 되었다. 따
라서 그 당시 나는 이 섬이 외국인에 의해 발견된 사실 및 지형
에 관한 일반적인 내용을 소개해 두었지만(본지 제17년 196호
참조), 이 땅은 지난 5월 27~8일의 일본해 해전에 의해 리앙

코트, Liaocourt Rocks라는 이름으로 세상에 알려졌다. 지금 이 섬의 연혁을 생각해보면 그 발견 연대는 명확하지 않지만, 프랑스 선박 리앙쿠르 호가 발견하기 훨씬 전부터 우리나라 사람들이 알고 있던 곳이다. 도쿠가와씨의 시대에 이를 조선에 건네준 것과 같은 것도 그 이전에 이 섬은 혹은 오키(隱岐)에, 혹은 호키(伯耆), 이와미(石見)에 속한 것이었다. 메이지 시대 초기에 이르러 정원(正院) 지리과(地理課)에서 그것이 우리나라가 영유한다는 것을 완전히 부인하였기 때문에, 그 후에 출판된 지도는 대다수 그 존재를 표시하지 않은 것으로 보인다. 1875년에 문부성이 출판한 미야모토 삼페(宮本三平) 씨의 「일본제국전도」에는 이를 게재하고 있지만, 제국의 영토 밖에 누고 도색을 하지 않았다. 또 우리 해군 수로부의 『조선수로지』에는 리앙코토 암이라는 제목으로 리앙코토 호의 발견 기타 외국인의 측량기사를 게재하고 있을 뿐이다. 따라서 연합함대 사령장관 보고 「대해보 제119호」에도 이것을 인용하여 리앙코토 함이라고 보고했으며, 대본영 해군막료는 그 후 이를 죽도로 정정(6월 15일 관보 6586호 소재 일본해 해전의 상보 중 죽도라고 있음)했다.

나는 이전에 이노우에 요리쿠니(井上賴國) 씨의 친절한 조력으로 내각문고에 소장된 도서를 보고 죽도에 관한 옛날 기록을 열람할 수 있었다. 도서 중에 중요한 것을 열거하면

『죽도고(竹島考)』	이토 도가이(伊藤東涯)
『죽도도설(竹島圖説)』	가나모리 겐(金森 謙)
『다케시마 잡지(多気甚麼襍誌)』	마쓰우라 다케시로(松浦竹四郎)〈겐코(源弘)〉 1854년 11월

마쓰우라 씨는 지리에 열심인 인물이었다. 따라서 그 기사는 단순히 정확할 뿐만 아니라 저서 중에는 당시의 사람들이 죽도를 무시하는 것을 개탄한다는 문자 마저도 있다. 나는 죽도에 관한 기사를 편찬하면서 그 대부분은 마쓰우라 씨의『다케시마잡지』에 의거하고 달리 2~3개의 재료를 참조했다. 기사는 혹시 정곡을 찌르지 못했을지도 모르지만, 당분간 이 재료로 이 섬에 관한 연혁 및 옛날 기록에 따른 지리를 기재할 생각이다.(이하 생략)

【해제】

먼저 다나카 아카마로(田中阿歌麻呂)는『지학잡지』제196호(1905년)에서 어느 나라에도 속하지 않은 리앙쿠르를 「죽도」라는 이름으로 시마네현 지사가 고시 43호[40호의 오기]로 오키도사 관할로 정했다는 기사를 게재했다. 이번에 다나카는 메이지 시대가 되어 태정관 정원 지리과가 일본의 죽도 영유를 부인했다고 기술하고 있지만, 이것은 지리과가 아니라 지지과(地誌課)가 편찬한『일본지지제요(日本地誌提要)』에 죽도와 마쓰시마를 일본영토가 아닌 것으로 표시된 것을 가리킨 것이다. 이 다나카의 지적은 중요하다.

다나카는 내각문고[현재의 국립공문서관]에 소장된 죽도 관련 옛날 기록을 1905년에 편입된 새로운 영토 죽도(독도)와 관련된 것으로 착각하여 이『지학잡지』제201호와 202호에서 소개하고 있지만, 그 죽도가 울릉도를 가리키는 것이라는 것을 알아차리고, 『지학잡지』 제210호에서 정정했다. 또 다나카는 『죽도고』의 저자를 이토 도가이라고 했지만, 이것은 오카지마 마사요시(岡島正義)를 잘못 기술한 것이다. 게다가 다나카는 관보에 실린 죽도 정정 기사가 「6월 15일 관보 6586호」에 실렸다고 하고 있지만, 이것은 「6월 5일 관보 6577호」의 오기이다.

18. 다부치 도모히코(田淵友彦), 「울릉도(欝陵島)」, 『한국 신지리(韓國新地理)』, 박문관, 1905년 9월.

【翻刻文】

「欝陵島」

　本島は北緯百三十度四十五分乃至五十三分、東経三十七度三十四分乃至三十一分の間に位し　平海郡越松浦の南[東の誤りか]四十余里の海中に在る孤島にして面積五百四方里許、中央は高山屹立し高さ四千呎。沿岸港灣に乏しく船舶の碇繋頗る困難なり。全島平地稀なりと雖其地質は古來落葉枯草の堆積腐化したる黑土の一種より成り土地膏腴にして肥料を施さゞるも農耕を爲すを得、大豆は本島の主産物にして年々の産額四五百石に及び本邦に輸出するもの多し。林産には欅、桐、松、白檀等あり。就中欅は徑六尺の巨材を産し桐は本邦にて松島桐と稱して珍とするものなり。往時は此種の樹木全島に繁生して殆んど無盡の觀ありしも近年本邦人の濫伐によりて漸く減少せり。其他山葡萄の産出あり又沿海に産出する石花菜は種類良好にして産額亦大なり。秋季山鵐の類非常に多く　島民は之れを撲殺し　肉は乾燥貯藏して年中の副食物とし　脂肪は溶解して燈油に供す。本島天産物の饒多なるは韓國中多く其比類を見ず。本島の住民は往時きわめて稀少なりしも　近年韓人及び本邦人の移住する者漸く多く　韓人の戶數約四五百戶に及び　本邦人亦一時三百以上に達したりしも先年本邦政府より退去の命ありたる爲め稍々減少したり。其本邦居留者は槪ね鳥取縣人の直接渡航したるものに

して木材大豆及び石花菜の輸出を営み 或は雑貨日用品を販売し純然たる日本村を形成せり。島中一泉の湧出するあり 少しく酸味を帯び 島民之れを藥白水と稱し疾病の際服用して藥餌に代ゆるに其効験見るべきものあり。或は本邦の平野水、金山水等と同種なる炭酸水にはあらずやといふ。

　本島は昔時新羅が我出雲地方と交通したる時 隱岐島と共に寄港地たりし所にして中古倭寇の一時根據地となしたることあり。貝原益軒の如き本邦の屬地なりと断じたる程なれ共 明治十五六年の交本邦人の伐木に従事するものありしを韓廷の抗議により我邦之れを韓廷に譲り 所屬初めて判明するに至れり。然れ共邦人の依然居住して伐木を營むもの多かりしが 明治三十一年一時露人が本島の伐木植林の權利を得たることあり韓廷に照會して日本人の盗伐及び居住を禁ぜんことを迫り 我公使は外部の照會を受け 一時本邦人の立退を命ずることゝなりしも 其後急に同島を退去せしむるは事情の許さゞるものあるを以つて其事由を韓廷に復喋(牒の誤りか)したり。

　本島より東南方約三十里我が隱岐島との殆んど中央に當り無人の一島あり。俗に之れをヤンコ島と稱す。長さ始[殆の誤りか]んど十町余 沿岸の屈曲極めて多く漁船を泊するに宜しと雖薪材及び飲料水を得るに困難にして 地上を穿つも數尺の間容易に水を得ず 此附近には海馬多く棲息し又海産に饒なりといふ。

【국역문】

「울릉도」

이 섬은 북위 130도 45분에서 53분, 동경 27도 34분에서 31분의 사이에 위치하며, 평해군 월송포의 남쪽[동쪽의 오기인가?] 40여 리 바다 가운데 있는 고도로서 면적은 504평방 리 정도이며, 중앙에는 높은 산이 솟아있는데 높이는 4천 피트이다. 연안의 항만이 부족하여 선박의 정박과 계류가 매우 곤란하다. 섬 전체에 평지가 드물기는 하지만, 그 지질은 오래된 낙엽과 마른 풀의 퇴적과 부화로 이루어진 흑토의 일종이어서, 토지가 비옥하여 비료를 주지 않고도 농경을 할 수 있다. 콩은 이 섬의 주 생산물로 매년 생산액이 4~500석에 이르러, 일본에 수출하는 것이 많다. 임산물로는 느티나무, 오동나무, 소나무, 백단 등이 있다. 그중에 느티나무는 굵기가 6척인 큰 목재를 산출하며, 오동나무는 일본에서 송도 오동나무로 불리어 진귀하게 여기는 것이다. 왕년에는 이러한 종류의 나무가 섬 전체에 번성하여 거의 무진장한 모습이었지만, 요사이 우리나라[일본] 사람의 남벌로 인해 점점 감소하고 있다. 기타 산머루가 산출되고 있으며, 또 연해에서 산출되는 우뭇가사리는 종류가 양호하여 산출액이 매우 크다. 가을에는 멧도요가 상당히 많아 섬사람은 이를 잡아 고기를 말려서 저장하여 일 년 내내 반찬으로 쓰고, 지방은 녹여서 등유로 사용한다. 이 섬의 천연 산물이 풍부하고 많은 것은 한국 안에서 비슷한 곳을 보기 힘들다. 이 섬의 주민은 왕년에는 매우 적었지만, 최근 한국인 및 우리나라 사람이 거주하는 사람이 점점 많아져, 한국인의 호수는 약 4~500호에 이르고, 우리나라 사람 또한 한때는 300명 이상에 달했지만, 몇 년 전에 우리 정부가 퇴거하라는 명령을 내렸기 때문에 약간 감소했다. 우리나라의 거류민은 대개 돗토리현 사람이 직접 도항한 것으로 목재와 콩 및 우뭇가사리의 수출을 영위하고, 혹은 잡화와 일용품을 판매하여 순전한 일본 마을을 형성하고 있다. 섬 안에 하나의 용출수 샘이 있으며, 약간 신맛을 띠며, 섬사람들은 이것을 약수라고 부르고, 질병이 있을 때 복용하여 약 대용으로 효험을 본 사람이 있다고 한다. 혹시 우리나라의 히라노 수(平野水), 가나야마 수(金山水) 등과 같은 종류의 탄산 샘이 아닐까 한다.

이 섬은 옛날 신라가 우리 이즈모 지방과 교통할 내, 오키노시마와 함께 기항지였던 곳으로 중세 때, 왜구가 한 때 근거지로 삼은 적이 있다. 가이바라 에키켄(貝原益軒)[4]과 같은 사람은 단호하게 이것을 일본 소속이라고 주장하기도 했다. 하지만 1882~1883년경, 일본인이 벌목하는 사람이 있다는 한국 조정의 항의를 받아 우리나라가 이를 한국 조정에 양보해 그 소속이 비로소 판명되게 되었다. 그렇지만, 우리나라 사람이 여전히 거주하면서 벌목을 영위하는 자가 많았지만, 1898년에 한때 러시아인이 이 섬의 벌목과 식림 권리를 획득한 일이 있어 한국 조정에 조회하여 일본인의 도벌 및 거주를 금지하라고 요구하자, 우리 공사는 외부의 조회를 받아, 한때 우리나라 사람의

---

4) 가이바라 에키켄(かいばら えきけん·貝原益軒(1630-1714)): 에도(江戸)시대의 본초학자, 유학자. 유교에 경험적 합리주의를 도입함. 메이지(明治) 시대에 서양의 생물학과 농학 분야가 소개되기 전까지 일본 최고의 생물학자·농학자이기도 함. 교육·역사·경제 방면에도 업적이 많음.

퇴거를 명령하기도 했으나, 그 후에 급하게 이 섬에서 퇴거시키기 어려운 사정이 있다는 것을 이유로 한국 조정에 다시 통첩했다.

이 섬에서 동남쪽으로 약 30리, 우리 오키노시마와 거의 중앙에 해당하는 곳에 무인도가 하나 있다. 세상에서는 이를 양코 섬이라고 부른다. 길이는 거의 10리 정도이며, 연안의 굴곡이 매우 많아 선박을 정박하기에 좋기는 하지만. 땔감 및 음료수를 얻기 곤란하며, 땅을 뚫어도 몇 척 간에는 쉽게 물을 얻을 수 없다. 이 근처에는 강치가 많이 서식하고 있고, 해산물이 풍부하다고 한다.

【해제】

이 문헌은 한일 양국 정부 간의 독도 영유권 논쟁 당시 「한국 정부 견해 2」 안에서 인용된 것이다. 지리학자인 다부치 도모히코가 울릉도의 속도인 양코 섬(독도)을 한국 영토로 보고 있었다는 근거가 된 것이다. 다부치는 양코 섬이 1905년 2월에 「죽도」로 명명되어 시마네현에 편입된 사실을 몰랐던 것 같다. 이 책에 부속된 『한국전도』에는 독도가 「죽도 리양코루토 암」으로 기재되어 있다. 다부치는 이 책을 지리학 연구자가 참고로 삼으라고 적은 것이라고 한다. 이 자료의 울릉도에 관한 기술은 구즈우 슈스케의 「한해연해사정」에서 인용한 것이 많다.

19.「오키 지방 죽도(독도)에 관한 지리학적인 지식(隱岐國竹島に關する地理學上の智識)」,『지학잡지』제210호, 1906년.

【翻刻文】

「隱岐國竹島に關する地理學上の智識」

田中阿歌麻呂

去年の今日、日本海の海戰によりて一擧敵艦を鏖滅し 竹島は俄に世に其名を知られしに關はらず 之に關する地理學上の記事の存するもの殆どなし、されば僅かに朝鮮水路誌(二六三頁)により リャンコールト列岩の名稱の下に極めて簡單なる記事を見しあるのみなりしが 曩きに我海軍が欝陵島に於て此島の實見者より聞き取り、續で帝國軍艦某の其島を調査し、越へて三八年八月に至りては島根縣知事の同島視察等あり、吾人は以上の諸報告を綜合し竹島に關する地理學上の智識を抄錄せん。

竹島は北緯三七度一四分、東経一三一度五五分に當り、海圖上には三點を以て示され、隱岐より八五哩、濱田より一五〇哩、又欝陵島よりは五〇哩、海上遙かに之れを望むを得べし、邦人は欝陵島を松島と稱するに對し之れに竹島と命名すと雖も外人は一八四九年始めて發見せしフランス船リアンクール號の名に因みて其名をリアンコールト島と云ひ 韓人は之れを獨島と書し、本邦の漁夫等は一般に「リアンコ」島と稱せり、蓋し英名リアンコールトの轉訛に依るなる可し。

竹島の地形は一箇の狹水道(長さ一八〇間、幅五六十間深度五

尋)を隔てゝ相對峙する二箇の主島と、其周圍に碁列する數個の小嶼よりなる洋中の一小群島なり。是等の小嶼は概ね扁平にして上部僅かに水上に現出し、主島の周邊は奇觀を呈する窟洞に富み共に海豹(トド)群の棲窟たり。主島は全島殆んど不毛の禿岩にして海風常に全面を吹き荒し、一株の樹木なく南面のみ雜草の僅かに生するを見るのみ。全周斷崖絶壁を以て圍まれ軟性の石層より成り、周邊何れよりするも攀登殆んど不可能なり、全島平坦の地に乏しく、水道の兩側に於ては狹小なる平坦の礫濱二・三・ケ所あれども皆洋濤の襲來を免れず。東島に於ては菰葺の假小屋あり、此小舎は中井養三郎氏等の竹島漁業会社の所有にかゝるものなり(昨三八年八月八日の暴風にては家屋漁舟等全く洗ひ去られたりとぞ)是等海豹(トド)獵の爲、夏季此島へ渡來する漁夫用のものなれども今は著しく破壞し、僅に其形跡を止むるのみ。故に今若し破損の狀況よりして判斷せんか、此附近を蹂躙する風波の猛威案ずるに余りあるなり。而して風浪の鋭鋒を避け得べき家屋建築用地は僅に左記二ケ所あるに過ぎず

　（イ）西島の東面に山崩れあり、其傾斜頗る急にして上半は殆んど直立し、到底攀登する能はざれども、下半は稍緩傾斜をなし辛ふして其中腹迄這達するを得、此邊一帯地質堅硬なる岩層にして之を開鑿すれば三坪弱の平坦地を得べく東風の方悉く遮蔽し得
　（ロ）東島の頂部は一見平坦なる部分多く、家屋建設に適する如くなれども之を踏査するには經路に多大の工事を施すに非んば、局地に達する能はず、從て實見し得ざるなり、概して海洋の

烈風に對して四圍曝露の難を免れざるも獨り南端の平坦地のみ
は三四坪の廣さあり、西北の一端は遮蔽せらる

　此の如くして全島凡て絕壁斷崖なり。一の溪地より他の隣溪
に至らんとするも、亦小船に依らざる可からず。西島は西南隅
に一の洞窟がありて、其天蓋をなす岩石より滴出する水は其量
稍多しと雖も雨水の滴下すると同様にして之を採取する事困難
なり。山頂より山腹に沿ひ滴瀝する水は數個所にて發見するも、
其量少なく且つその經路は海豹の屎尿等によりて汚染せらる、
を見たり。嘗て東島の東南隅に於て滴下するものを採取し試驗
したるに一種異様の惡臭を放ち、黄色を呈し既に汚水たるを證
せりと云ふ。該水は化學的檢査上到底飲料に適せざるものに
して

　[挿入図] ＃は小量の滴水
　　　△は小屋
　　　イロはトゞの多く棲息する所

　理學的反應　黄色有臭微溷濁　酸性反應、格魯兒多量、硫酸多
量、硝酸なし、亞硝酸なし、石灰少量、安母尼亞少量、有機質中
量なりきと云。聞く毎年六七月の頃　海豹獵のため渡來するもの
は、海上浪静かなるとき島水を汲み來りて煮炊の用に供すれど
も、飲料としては猶他地方より持ち來るを常とす。斯の如く水
惡しき爲　脚気または水腫病にかゝるもの少なからず。此列島は
欝陵島と共に日本海を東西に横斷せる海底山脈上に座すと雖

附近の水極めて深く、東島の南端を北西約一千八百米に見る位置に於て五八尋を錘測し得たりと云

此地主要の産物は海豹にして毎年四五月より七月まで最も多く 水上に頭を出して盛んに吠へ居れる様を船上より瞥見し得可く、又島を一周する時は、岩上に遊び眠れる様をも瞥見し得可し。最も多きは六月頃にして此時子を生産し哺育す。彼等はオットセイと同じく子を愛するを甚だしく 愛に引かれて空しく獲夫の銃丸に斃るゝもの少なからず。されど獲夫は其蕃殖を計りて之れを保護し幼兒を獵せさるを以て現今非常に多數なり。島根縣知事の一行が視察せし時の如きは前數日の暴風雨の爲死し、又は將に死に頻せんとするもの少なからざりしぞ、其他の産物としては鷗多く 次で水鳥、鮑、貸貝、烏帽子貝等亦多けれども尚ほ今日に於ては海豹以外更に生産物無し。出漁者は欝陵島を根據地とし、六七十石積の和船を使用して此地に到りそれより舟は陸上に引き揚げ置き 島上の小舍に於て毎回十數日間滞在し、多量の収獲をなし獵後、又は風波強く繋泊し難きときは直ちに順風を得て、欝陵島に避難するなり。出獵者の數は一回に四五十名を普通とす。

此地に産する海豹は明治三六年之を獵し大坂に輸出したるものありしも全く失敗せしが 翌年に到り多少の需用あり、今日に至りては製革業の進歩と需用の増加とに依り軍隊用背囊の表に附したりしものも牛皮の代用となるに至り、脂肪は精製して鯨油に劣らざる良品を得可く、肉は食用とすべく又肥料に供せらる油糟は膠に用ゆ可き見込あり。

之を要するに、此島は日本海の航路に當り航海者の爲には格

好の目標となりと雖も、避泊地なく又飲料水に亡しきを以て何等の用をなすこと能はず。菖に海豹多く産するを以て其補[捕か]獲業のやゝ有望なるのみなり。

　附記　以上の記事に依れば本誌第二百號二百一號及び二百二號に掲けたる「隱岐國竹島に關する舊記」の記事は全く竹島の記事に非ずして欝陵島の記事なるがごとし。日本海の海流は其中央部に緩流ある爲　此地方に向ひたる船舶は屢々流失せられしと、又當時和船の航海術幼稚なりし爲、屢々此に群島を混合し從ひて此二島の世に傳はれる記事の混同せるものの如し、他日更に竹島と本邦との歴史的關係を調査し世に紹介する所あるべし(五月二八日稿)

【국역문】

「오키 지방 죽도(독도)에 관한 지리학적인 지식」

다나카 아카마로

　작년의 오늘, 일본해 해전으로 일거에 적함을 섬멸하고, 죽도(독도)는 갑자기 세상에 그 이름을 알렸음에도 불구하고, 이에 관한 지리학적인 기사는 거의 존재하지 않는다. 겨우 조선수로지(263쪽)의 리양코루토 열암이라는 이름으로 지극히 간단한 기사를 볼 수 있을 뿐이다. 예전에 우리 해군이 울릉도에서 이 섬을 직접 목격한 사람에게서 듣고, 이어서 어느 제국 군함이 그 섬을 조사하였으며, 나중에 1905년 8월에 이르러서는 시마네현 지사의 이 섬 시찰 등이 있었다. 나는 이상의 각 보고를 종합하여 죽도(독도)에 관한 지리학적인 지식을 정리하려고 한다.

죽도(독도)는 북위 37도 14분, 동경 131도 55분에 해당하며, 해도상에는 세 개의 점으로 표시되어 있다. 오키에서 85마일, 하마다에서 150마일, 또 울릉도에서는 50마일로 바다 위 멀리 이를 바라볼 수 있다. 우리나라 사람은 울릉도를 송도라고 부르는 것과 관련해서 이를 죽도라고 명명했지만, 외국인은 1849년에 처음으로 발견한 프랑스 선박 리앙쿠르 호의 이름을 따서 그 이름을 리앙코루토 섬이라고 하며, 한국인은 이를 독도라고 쓴다. 우리나라의 어부 등은 일반적으로 「리앙코」섬이라고 부르는데, 아마 영어 명칭인 리앙코루트의 음을 따온 것으로 보인다.

죽도(독도)의 지형은 하나의 좁은 수로(길이 180간, 폭 5~60간 수심 약 9m)를 사이에 두고 서로 마주 보는 두 개의 주요 섬과 그 주위에 퍼져 있는 작은 섬으로 이루어진 바다 가운데 있는 하나의 작은 군도이다. 이 작은 섬들은 대체로 편평하며, 표면이 약간 물 위로 돌출하여 있고, 주된 섬의 주변은 훌륭한 경치를 이루는 동굴이 많아 모두 바다표범[물개]의 무리가 사는 바위 동굴이다. 주된 섬은 전체가 거의 불모의 대머리 바위로, 바닷바람이 항상 전면을 훑듯이 불어, 한 그루의 나무도 없고, 남쪽에만 잡초가 약간 나 있는 것을 볼 뿐이다. 사방은 낭떠러지 절벽으로 둘러싸여 있고, 부드러운 바위로 이루어져 있어, 주변 어디에서도 등반은 거의 불가능에 가깝다. 섬 전체는 평평한 땅이 부족하고, 수로 양쪽으로 협소하고 평탄한 자갈해안이 두세 군데 있지만, 모두 바다의 파도를 피하기 어렵다. 동도에 풀을 엮어 만든 오두막집이 있다. 이 오두막은 나카이 요자부로 씨 등, 죽도어업회사의 소유이다(지난 1905년 8월 8일의 폭풍으로 가옥과 어선 등이 모두 씻겨 날아갔다고 한다.). 여름에 이 섬에 건너오는 어부용이지만, 지금은 상당히 파손되어 겨우 그 모습의 흔적만이 남아있을 뿐이다. 따라서 지금 파손 정도로 판단해보면, 이 근처를 짓밟는 풍파의 맹위를 헤아리고도 남음이 있다. 그러므로 풍랑의 예봉을 피할 수 있는 가옥 건축 부지는 겨우 다음의 두 곳이 있을 뿐이다.

(가) 서도의 동쪽에 산사태 흔적이 있고, 그 경사는 대단히 가파르고 상반부는 거의 직립하여 도저히 오를 수 없지만, 하반부는 약간 완만한 경사를 이루고 있어, 간신히 그 중턱까지 오를 수 있다. 그 장소는 지질이 깅한 임식으로 그곳을 넓히면 3평 미만의 평탄지를 얻을 수 있으며, 동풍을 모두 모두 막을 수 있다.

(나) 동도의 가장 꼭대기부분은 얼핏 보면 평탄한 부분이 많아 가옥 건설에 적합할 것 같지만, 이것을 답사하려면 경로에 상당한 공사를 시행하지 않으면 그곳에 도달할 수 없다. 따라서 실제로 가보기 어렵다. 대체로 바다의 폭풍에 대하여 사방이 노출되어 어려움을 겪을 것이다. 그러나 한군데, 남쪽에 있는 평탄지만은 3~4평의 넓이가 있고, 서북쪽 한쪽은 차단할 수 있다.

이처럼 섬 전체가 모두 낭떠러지 절벽이며, 하나의 계곡에서 옆의 계곡으로 가려고 해도 작은 배에 의지하지 않으면 안 된다. 서도의 서남쪽 모서리에 하나의 동굴이 있다. 그 덮개가 되는 암석에서 방울져 떨어지는 물은 그 양이 조금 많지만, 빗물이 떨어지는 것과 같아서 이것을 채취하기는 곤란하다. 산 정상에서 산 중턱을 따라 방울져 떨어지는 물이 몇 군데에서 발견됐지만, 그 양은 소량이며, 또 그 경로가 바다표범의 분뇨 등으로 오염되어 있는 것을 보았다. 예전에 동도의 동남쪽 구석에 방울져 떨어지는 것을 채취하여 검사한 결과, 어떤 이상한 악취를 풍기고, 노란색을 띠고 있어 이미 오염된 물이라는 것을 증명했다고 한다. 이 물은 화학적인 검사 결과 도저히 마시기에 적합하지 않은 것으로

　[삽입도] #는 소량의 물

　　△는 오두막

　　イ口는 강치가 많이 서식하는 곳

　이학적인 반응: 노란색, 유취, 희미하게 혼탁, 산성반응, 염소 다량, 황산 다량, 질산 없음, 아질산 없음, 석탄 소량, 암모니아 소량, 유기질 중량이라고 한다. 들기로는 매년 6~7월경에 바다표범 사냥을 위해 도래하는 사람은 바다의 파도가 평온할 때 섬의 물을 길어와 취사용으로 사용하는데, 음료수로는 여전히 다른 지방에서 항상 가지고 온다. 이처럼 물이 나빠서 각기 또는 수종병에 걸리는 사람이 적지 않으며, 이 열도는 울릉도와 함께 일본해는 동서로 횡단하는 해저 산맥 위에 앉아 있지만, 근처의 물이 매우 깊어 동도의 남쪽 끝이 약 1,800m에서 보이는 위치에서 약 105m의 수심을 관측할 수 있었다고 한다.

　이곳의 주요 산물은 강치이며, 매년 4, 5월에서 7월까지가 가장 많다. 물위로 머리를 내밀고 짖고 있는 모습을 배 위에서 볼 수 있으며, 또 섬을 일주할 때는 바위 위에서 쉬거나 잠자는 모습을 볼 수 있다. 가장 많은 것은 6월경으로 그때 새끼를 낳

고 보육한다. 그들은 물개처럼 새끼를 많이 사랑하는데, 사랑에 끌려서 어이없게 사냥꾼의 총탄에 쓰러지는 것이 적지 않다. 그렇지만 사냥꾼은 그 번식을 도모하기 위해 이를 보호하고 어린 새끼를 잡지 않아 지금은 상당히 수가 많다. 시마네현 지사 일행이 시찰했을 때는 몇 일 전의 폭풍우로 인해 죽거나, 또는 사경을 헤매고 있는 것들이 적지 않았다고 한다. 기타 산물로서는 갈매기가 많으며, 다름으로 물새, 전복, 조개, 삿갓조개 등이 많지만, 지금은 강치 이외에는 생산물이 없다. 출어자는 울릉도를 근거지로 하여 6~70석을 실을 수 있는 일본 배를 사용하여 이곳에 도착하며, 그 후에 배는 육상에 올려두고 섬 위의 오두막에서 매번 십여 일 동안 체재한다. 많은 양의 수확한 한 사냥 후, 또는 풍랑이 강해서 배를 묶어두기 어려울 때는 즉시 순풍을 받아 울릉도로 피난한다. 출어하는 사람의 수는 한 번에 4~50명이 보통이다.

이곳에서 나오는 강치는 1905년 이를 사냥하여 오사카에 수출했지만, 완전히 실패했다. 하지만 다음 해가 되자 약간의 수요가 있었으며, 오늘에 이르러서는 제혁업의 진보와 수요 증가로 군대용 배낭 겉에 부착하는 소가죽 대용이 되기에 이르렀다. 지방은 정제하면 고래기름에 떨어지지 않는 좋은 품질을 얻을 수 있으며, 고기는 식용으로 하고, 또 비료로 사용되고 있는 기름찌꺼기는 접착제로 사용될 가능성이 있다.

이를 요약하면 이 섬은 일본해의 항로에 해당하여, 항해자를 위해서는 좋은 표식이 되지만, 피박지도 없으며, 또 음료수가 없으므로 아무런 소용이 없다. 겨우 강치가 많이 나는 것으로 그 포획업이 약간 유망할 뿐이다.

부기: 이상의 기사에 따르면 본지 제200호, 201호 및 202호
에 게재된 「오키지방 죽도에 관한 구기」의 기사는 전혀 죽도에
관한 기사가 아니라 울릉도에 관한 기사였다. 일본해는 해류는
그 중앙부에 난류가 있으므로 이 지방으로 가는 선박이 종종
유실되기도 했다고 하고, 또 당시 일본배의 항해술이 유치했기
때문에 종종 이 군도를 혼동했으며, 따라서 이 두 섬이 세상에
전해지는 기사가 혼동되는 것과 같다. 훗날 또 죽도와 우리나
라의 역사적 관계를 조사하여 세상에 소개하는 일이 있을 것이
다(5월 28일 기고)

【해제】

이 자료는 리앙코루토 섬에 대해서 「한국인은 이것을 독도라
고 쓴다」라고 기술하고 있지만, 이것은 『군함 니타카 행동일지』
에서 인용한 것으로 보인다. 이 외에도 이 자료는 수로부가 발
간한 『조선수로지』나 군함 쓰시마가 1904년에 망루 설치 조사
를 시행했을 때의 보고 등, 해군 내부의 자료를 풍부하게 인용
하고 있다. 원래 『지학잡지』의 발행자인 「도쿄지학협회」 회장이
해군 중장(예비역) 에노모토 다케아키(榎本武揚)였으므로, 군
과의 관계가 깊었을 것이다. 따라서 해군 내부의 자료를 쉽게
얻을 수 있었던 것으로 보인다.
이 자료에서 독도는 강치 사냥 이외에는 거의 이용 가치가
없다고 했다. 이것은 군함 하시다테의 보고서에 있는 "(사냥꾼
은) 강치 외에 소량의 전복을 획득한다."는 내용과 일맥상통한

다. 독도의 어업은 강치사냥이 1904년부터 수요가 증가하여 본격화되었지만, 전복 채취는 근소했다.

편저자 소개

■ **박병섭**

일본 竹島=독도연구넷 대표

(저서)

『안용복사건에 대한 검증』, 『한말 울릉도·독도 어업』, 『독도=다케시마 논쟁』(공저) 등

(논문)

「근대기 독도의 영유권 문제」, 「러일전쟁과 독도의 가치」, 「일본인의 제3차 울릉도 침입」, 「시모조 마사오의 논설을 분석하다」 외 다수

■ **박지영**

영남대학교 독도연구소 연구교수

(저서)

『안용복: 희생과 고난으로 독도를 지킨 조선의 백성』(공저), 『일본이 기억하는 조선인 안용복』(공저), 『1877년 태정관 지령에 관한 연구』(공저), 『동아시아의 바다와 섬을 둘러싼 갈등과 『투쟁의 역사: 독도를 중심으로』(공저) 등

(논문)

「1696년, 안용복 도일문제에 관한 고찰」, 「일본 중학교 독도교육의 실태」, 「돗토리번 사료를 통해 본 울릉도 쟁계 -몇 가지 쟁점에 대한 검토를 중심으로-」, 「지방자치단체 독도 홍보사이트 비교연구」 외 다수